LES FAUTES DE FRANÇAIS EXISTENT-ELLES ?

Du même auteur

La Grammaire ou la Galère ?
Paris, Bertrand Lacoste, 1993

Grammaire du verbe français :
des formes au sens
Paris, Nathan, 1994

DANIELLE LEEMAN-BOUIX

LES FAUTES DE FRANÇAIS EXISTENT-ELLES ?

PRÉFACE D'ANDRÉ GOOSSE

ÉDITIONS DU SEUIL
*27, rue Jacob, Paris VIe*

ISBN 2-02-021952-2

Préface

Le titre choisi par Danielle Leeman-Bouix ne peut faire croire à un de ces tristes inventaires qui ont du succès auprès du grand public, volontiers masochiste ou sado-masochiste : en effet, une interrogation de forme positive appelle souvent une réponse négative. L'inspiration me rappelle un autre livre, déjà ancien, du linguiste suisse Henri Frei, dont le titre, *La Grammaire des fautes*, était plus provocant, puisque le lecteur ordinaire attendrait plutôt *Les Fautes de grammaire*. Lors d'une enquête sur la vitalité et l'explication d'un tour régional, plusieurs de mes étudiants ont rejeté l'idée même d'une explication, estimant sans doute que ce qui va contre l'usage établi (ou contre le bon usage supposé) ne mérite d'autre commentaire que « faute », « incorrection » ou, plus savamment, « barbarisme », « solécisme », ou encore « langue populaire », ce qui pourrait se défendre si les grammaires et surtout les dictionnaires faisaient de l'adjectif un emploi fondé sur une véritable observation sociologique. Les usagers et les grammairiens utilisent aussi des formules rejetant simplement hors de l'existence : « Cela ne se dit pas », « Cela n'existe pas ». *Réouvrir* « n'existe pas », écrit Hanse, qui, naturellement, ne prendrait pas la peine de parler d'un mot purement imaginaire. Ils disent aussi : « Cela n'est pas français », jugement qui, en toute rigueur, devrait s'appliquer seulement à ce qu'il est impossible d'entendre ou de lire dans un contexte français et, à la limite, aux tours qu'un étranger transpose littéralement de sa langue maternelle.

Il est plus naïf encore de traduire en jugements esthétiques ce qui n'est qu'inaccoutumance : « Cela est laid, peu élégant », « Cela sonne mal », même « Cela est lourd », etc. Il est légitime que chacun choisisse pour son propre usage les procédés qui lui semblent correspondre le mieux à sa pensée ou à ses préférences stylistiques. Mais l'homme a tendance naturellement à imposer à autrui ses propres goûts, habitudes ou partis pris. On observe une réaction analogue, et souvent avec des arguments esthétiques, voire moraux, devant les rectifications proposées par le Conseil supérieur de la langue française et acceptées par l'Académie : personne n'étant contraint de changer sa manière d'écrire, les opposants cherchent à empêcher que d'autres aient cette possibilité.

Un des rares arguments objectifs, avec le danger d'ambiguïté, est l'étymologie, du moins pour qui a l'information adéquate. On décrète : n'employez pas *et cetera* à propos de personnes parce que *cetera* est un neutre en latin. Mais le latin est le latin, et le français est le français : depuis longtemps, les auteurs les plus réputés, et qui connaissaient le latin, ont fait litière de cette restriction. Et le français de Julien Gracq, si érudit, si classique même qu'il soit, n'est pas le français de Jean Racine. Inéluctablement, l'évolution a séparé notre langue de ses états antérieurs, des formes, constructions et sens de jadis, voire de naguère. « Un villageois qui n'aurait appris le français qu'à l'école des grands classiques écrirait fort mal. Nous le prendrions pour un Allemand », pensait l'abbé Bremond, qui connaissait mieux que personne les textes du XVIIe siècle sous leur forme authentique. André Billy ayant déclaré qu'il ne voudrait se servir d'aucun tour qui ne se trouvât chez les écrivains du XVIIIe siècle, j'ai pris au hasard un passage de cet auteur, je l'ai examiné à la loupe et – le contraire aurait tenu du prodige – j'ai observé en peu de temps une foule d'emplois apparus après 1800. La plupart se sont introduits dans la langue sans qu'aucun grammairien les blâme ou même les remarque. D'une manière générale, c'est par hasard que les nouveautés ont été inscrites sur les listes noires des puristes : *de suite* et *tout de suite* ont connu la même évolution, et à peu près simultanément, mais elle n'a été aperçue et dénoncée que pour l'un d'eux.

Le livre de Danielle Leeman-Bouix est bien utile. Le purisme n'est pas mort en effet : il règne dans les bulletins qui se vouent à la défense du français ; il représente *la langue* dans des collections de poche ; il inspire le courrier des lecteurs dans les journaux. Il n'a guère varié, ni dans ses thèmes généraux ni dans ses décrets particuliers.

Le thème privilégié est celui de la décadence, comme s'il avait existé un âge d'or où, de Marseille à Liège et de La Rochelle à Genève, la majorité s'exprimait comme Voltaire ou Chateaubriand.

Les réprobations habituelles sont assez bien représentées par les passages en caractères gras que l'Académie française a cru devoir introduire dans la neuvième édition de son dictionnaire, laquelle est en cours de publication depuis 1986. C'est ainsi que les verbes *baser* et *concerner* au passif y sont frappés d'ostracisme sans que le jugement soit motivé.

Souvent les raisons linguistiques n'existent pas, comme le montre avec brio Danielle Leeman-Bouix. L'ostracisme résulte ordinairement d'une simple tradition. On n'a jamais pardonné au malheureux *baser* le « S'il entre, je sors » de Royer-Collard. L'Académie reconnaît explicitement (fièrement ?) pour *concerner* : « L'emploi de ce verbe à la forme passive est condamné par l'Académie depuis le XVIIIe siècle. » Ou encore, si elle entrouvre la porte à *par contre*, locution « utilisée par d'excellents auteurs français », elle conclut : « Elle ne peut donc être considérée comme fautive, mais l'usage s'est établi de la déconseiller, chaque fois que l'emploi d'un autre adverbe est possible. »

Il est arrivé pourtant que l'Académie change d'avis, remplissant ainsi son rôle de greffier de l'usage. En 1878, la préface de la septième édition déclarait : « Il n'est pas probable qu'un tableau *réussi* trouve jamais grâce devant une Académie française : la faute de français blesse trop la grammaire et l'oreille ; *réussir* n'a jamais été qu'un verbe neutre. » L'improbable s'est réalisé dans la huitième édition (1935), qui accepte « un portrait réussi », « un plat bien réussi ». Il ne faut jamais dire jamais : l'oreille et même la grammaire sont soumises aux caprices de l'usage.

Faisant preuve d'un surcroît de sévérité, allant jusqu'à l'autocensure, l'Académie critique en 1992 les exemples mêmes qu'elle donnait comme normaux en 1932 : « On doit dire *Quand partirez-vous ?* et non *Quand est-ce que vous partirez ? A qui dois-je m'adresser ?* et non *A qui est-ce que je dois m'adresser ?* » Que s'est-il passé dans la langue, dans l'usage, dans la grammaire, pour justifier une pareille volte-face ? Au passage, on notera le fait que l'Académie ne prévoit jamais explicitement que les choix de l'oral puissent différer de ceux de l'écrit.

Danielle Leeman-Bouix démonte avec finesse les mécanismes qui sont à la base des fautes généralement dénoncées. Les linguistes ont déjà dit un certain nombre de ces choses, pas toutes pourtant, me semble-t-il : l'analyse de *on* pour *nous* et du subjonctif après la locution *après que*, notamment, m'a vivement intéressé.

J'espère que le livre atteindra un vaste public, qu'il séduira par l'élégance de la forme, par une agréable (pour qui ne se sent pas visé) vivacité, par une clarté parfaite, qui, refusant le *métalangage* des initiés, dissimule une information très solide.

Mais « expliquer n'est pas admettre », reconnaît l'auteur. Il considère même que l'explication linguistique permettra de faire un tri objectif entre les fautes avérées et les fautes prétendues. Sans doute peut-on penser que ce qui est contraire aux structures de la langue est une atteinte plus sérieuse et justifierait à la limite la formule « ce n'est pas français ». De ce point de vue, certains emprunts à l'anglais sont effectivement gênants, en particulier quand ils ajoutent à l'orthographe française des complications dont elle n'avait pas besoin : *planche à roulettes* est meilleur que *skate-board*, et *pin's* fait de l'apostrophe un usage inhabituel – quoique je me refuse, avec Danielle Leeman-Bouix, à donner aux mots à la mode un poids démesuré. Il est symptomatique aussi que l'on ait constaté que certains produits se vendent moins bien parce qu'ils portent un nom que les acheteuses craignent de prononcer de travers.

Mais, en dehors de pareils cas, comment décider – s'il faut décider ? Or je crois qu'il faut décider. Des linguistes se sont récriés d'admiration devant l'ingéniosité dont la langue a fait preuve en se pourvoyant d'une nouvelle marque de l'interrogation, le *ti* : « J'irai-ti ? » Mais je n'en connais aucun qui l'ait adoptée pour son propre usage, pas plus qu'ils n'écriraient « vous disez », quoique cette forme manifeste la même analogie que « vous contredisez », ou encore « je m'ai trompé », quoique le choix de l'auxiliaire montre que le sujet parlant reconnaît la même transitivité que dans « je l'ai trompé », ou encore « la femme à Dupont », quoique la préposition *à* pour marquer la possession existe dans des emplois reçus et qu'elle ait un beau passé.

On me permettra de dire que, par la description de l'usage (dont Danielle Leeman-Bouix parle trop peu à mon goût), des usages, on peut fonder sur la réalité des jugements normatifs. D'une part, l'Académie serait dépeuplée si elle excluait les auteurs ne respectant pas ce qu'elle enseigne dans son dictionnaire, je l'ai montré ailleurs pour *par contre* (avec le résultat maigre mais réel qu'on a vu). Ces ukases sont donc inefficaces et injustifiés. D'autre part, si ingénieux que soit le *ti* interrogatif, il n'a jamais franchi la barrière de l'écrit et, dans l'oral, où il semble d'ailleurs en net recul, il n'a jamais appartenu à un usage fort général, même quand et où il était vivant. Il me paraît indispensable d'enseigner à ceux qui s'en serviraient encore qu'il existe des procédés, sinon meilleurs, du moins plus adéquats à des situations de communication autres que la conversation familière.

Je rejoins tout à fait Danielle Leeman-Bouix quand elle se demande : « Pourquoi cette pédagogie passerait-elle par le mépris et l'injure ? » Sans prétendre régenter la cour de récréation ni la chambrée ni même la lettre d'amour, sans jamais traiter par le mépris ni les faits, qu'ils soient dialectaux ou populaires, ni surtout les hommes, il est bon d'apprendre aux gens à s'exprimer par écrit selon les conventions de l'écrit, et oralement selon les circonstances de la communication. Non pas mépriser, non pas même vouloir détruire, mais ajouter des compétences supplémentaires, le plus possible de compétences supplémentaires, sans purisme passéiste naturellement. Je crois qu'en fin de compte c'est de promotion des individus qu'il s'agit et, sans vouloir faire jouer les grandes orgues, de démocratie.

Le lecteur s'étonnera peut-être que Danielle Leeman-Bouix, plutôt sévère pour les grammairiens, ait choisi l'un d'eux comme préfacier. Ce serait à elle de se justifier. En tout cas, je me trouve en parfait accord avec ses principes et en accord presque parfait avec les illustrations et les applications de ces principes.

A-t-elle pensé qu'être un peu frotté de linguistique, qu'être comme elle soucieux d'expliquer, qu'être attentif, avec bienveillance et sans trop de parti pris, aux variétés de l'usage me donnait quelque titre à son estime ? Quoi qu'il en soit, je la remercie de m'avoir donné l'occasion de bavarder un peu autour de son livre, de dire publiquement tout le bien que j'en pensais et de lui souhaiter un beau succès.

André Goosse

Avant-propos

Les Français sont attachés à leur langue ; de quelque côté politique que l'on soit, on se passionne pour les dictées de Bernard Pivot, on a un avis sur une éventuelle rectification de l'orthographe, on reprend un enfant qui dit « le vélo à mon père », on s'amuse avec les humoristes des tics de langage, des modes, des jargons, on lit avec intérêt les rubriques de grammaire qui paraissent dans les journaux et les magazines, rappelant par exemple qu'il ne faut pas employer le subjonctif après la conjonction « après que » (*Le Figaro littéraire* du 23 septembre 1991), on écrit au courrier des lecteurs pour s'indigner d'incorrections diverses entendues à la radio ou à la télévision, comme « le vent soufflera à *x* km à l'heure » – au lieu de « *x* km-heure » ou « *x* km par heure » (*Le Monde radio-télévision* du 13 au 19 avril 1992). Jacques Capelovici établit le « triste » bilan de « fautes souvent grotesques » dans *Le Figaro* du 18 mai 1993, parmi lesquelles le « ridicule et pédant "vous n'êtes pas sans ignorer" [...] que tant de beaux esprits friands de fausses élégances emploient à tort pour dire "vous n'êtes pas sans savoir", qui signifie précisément le contraire ».

Si, donc, les Français sont attachés à leur langue, et

voient en général d'un mauvais œil les emplois non conformes à la norme grammaticale ou les emprunts aux langues étrangères, qu'ils ressentent comme des atteintes à l'identité de leur idiome, ils ne sont pas pour autant nécessairement armés pour défendre leur point de vue. Les mêmes qui sont contre une simplification ou une rationalisation de l'orthographe peuvent écrire *imbécilité* ou *cela me plait*, devançant sans le savoir la réforme qu'il refusent ; c'est un éminent académicien – soucieux de la pureté de notre langue – qui emploie le subjonctif avec *après que* dans son dernier roman et suscite la mise au point d'Aristide dans *Le Figaro littéraire* ; l'instituteur qui proteste dans *Le Monde* à propos de la construction « *x* km à l'heure » n'explique pas pourquoi une telle construction est condamnable, ni pourquoi il faudrait lui préférer « *x* km-heure » ou « *x* km par heure », et les parents qui corrigent « le vélo *à* mon père » seraient sans doute en peine de justifier que l'on doit dire « le vélo *de* mon père » alors que l'on a bien « le vélo est *à* mon père » ou « un ami *à* moi ».

Comme tout le monde, j'ai envie de rire quand j'entends parler de « spychologie », je suis scandalisée de rencontrer des fautes d'orthographe dans les journaux ou dans les sous-titres des films en version originale, je remarque avec un vague sentiment de supériorité que telle personnalité éminente n'en parle pas moins de se promener « en vélo » – il faut dire « à vélo ». Et l'image favorable que je peux avoir d'un orateur s'altère quelque peu si je l'entends dire que « les problèmes qu'on a parlé(s) sont graves » ou « on a parlé que le gouvernement avait des difficultés »... Mais, en même temps, ce jugement négatif ou condescendant que je porte irrésistiblement me paraît injuste : ai-je le droit de mépriser quelqu'un parce qu'il ignore la prononciation standard d'un terme ? Serais-je capable de lui expliquer pourquoi « en vélo » est une faute de syntaxe ? Et d'où vient que ce soit précisément cette faute-là qui soit commise ? Car celui qui emploie « en » pour « à » avec « vélo » ne le fait pas pour « pied » ou « cheval » – je n'ai jamais entendu dire « aller en pied », « aller en cheval » pour « aller à pied », « aller à cheval ». Il y a donc certainement une logique dans ces usages jugés déviants et peut-être les règles – ou les explications, quand elles sont fournies, ce qui n'est pas toujours le cas – ne sont-elles pas incontestables ni tout à fait appropriées : l'erreur peut tout aussi bien être du côté du parleur que de celui du grammairien qui après tout n'est pas infaillible.

Le projet de ce livre est donc double : d'une part inventorier à partir de quelques exemples les justifications qui peuvent être avancées pour condamner tel ou tel usage et les évaluer, d'autre part déterminer s'il n'y a pas à ces fautes des explications qui tiennent davantage au fonctionnement linguistique lui-même qu'au laisser-aller des usagers. Nous espérons de la sorte donner aux Français de bonnes raisons de défendre leur langue, et de dominer le sentiment de culpabilité et d'impuissance, qui naît de l'ignorance, que l'on peut ressentir à l'idée de commettre des fautes[1].

1. Je remercie Daniel Delas, André Eskénazi, Simone Lecointre et Richard Leeman qui ont lu une première version de ce texte et m'ont permis de l'améliorer par leurs remarques et critiques. Par ses amicales suggestions, Jean-Luc Giribone m'a également permis de compléter ma réflexion : qu'il trouve ici l'expression de ma gratitude.

I. Pourquoi faisons-nous des fautes ?

Il ne faut pas dire *aller au coiffeur* mais *aller chez le coiffeur*. Ne dites pas *aller en vélo* mais *aller à vélo*. On ne doit pas dire *Nous, on a fait cela* mais *Nous, nous avons fait cela*. N'employez pas le subjonctif avec *après que*.

Tous les Français savent plus ou moins que certains mots, certaines constructions, voire certaines prononciations sont à éviter, selon le jugement de spécialistes, puristes, grammairiens ou académiciens dont le « pouvoir réglementaire », survivance des siècles classiques, semble typique de notre pays.

Y faillir est une « faute », terme grave employé pour tout manquement aux règles qui définissent le fondement même de la société et en garantissent le fonctionnement, l'existence et la pérennité : loi morale, loi religieuse, loi juridique, dont la violation mérite châtiment. « C'est pis qu'un crime, c'est une faute », a dit Talleyrand de l'exécution du duc d'Enghien.

D'où vient que ce que l'on pourrait moins dramatiquement appeler « erreur », « inexactitude », « défaillance » ou même seulement « variante » soit de la sorte stigmatisé comme une intolérable atteinte à la langue ? D'où vient qu'un usage soit perçu et dénoncé comme un danger ?

Les justifications avancées pour condamner un tour

L'étymologie

Pallier à est condamné au profit de *pallier quelque chose* parce que le verbe vient du (bas) latin *palliare*, qui signifie « voiler », et qu'on ne peut voiler à quelque chose.

Achalandé ne doit pas se dire d'un magasin bien fourni en marchandises puisque le mot *chaland*, sur lequel il est formé, désignait le client.

Panacée universelle est à proscrire puisque *panacée* vient du grec *akos* (« remède ») et *pan* (« tout ») et signifie déjà « remède qui guérit tout ».

Sortir le chien est à éviter puisque ce verbe est « condamné par son étymologie à demeurer intransitif » (*Défense de la langue française*, n° 22).

Ces rejets sont justifiés par un recours à l'origine du français : la langue est un héritage que nous devons sauvegarder sous peine de perdre de vue nos « racines », fondements mêmes de notre identité.

La grammaire

On ne doit pas dire *réussir son examen* « parce que *réussir* est neutre ou intransitif et que l'on ne réussit pas quelque chose mais que l'on y réussit » (Abel Hermant).

Je m'en rappelle est condamnable puisque *se rappeler* se construit avec un complément direct : *se rappeler quelque chose*.

L'expression *occasion à profiter* est mal formée puisque *profiter* est un verbe transitif indirect (*profiter de*) : dites *occasion à saisir*.

Ne dites pas *Je lui évite ce désagrément* puisque le verbe *éviter*, comme le verbe *esquiver*, n'a qu'un complément direct, mais *Je lui épargne ce désagrément*.

« *Débuter*. Ce verbe n'admettant pas de complément d'objet, un match peut débuter en retard, mais on ne débute pas un match : on le commence, on l'entame » (J. Capelovici).

La condamnation, ici, se fait par référence aux règles définies par la tradition grammaticale : les grammairiens sont des clercs qui savent ce qu'est le réel de la langue et dont les prescriptions permettent à celui qui n'a pas cette compétence de s'exprimer correctement.

Le génie de la langue

Si la référence à l'histoire ou à la grammaire permet une explication en quelque sorte à partir du dedans de la langue, il est d'autres raisons qui en revanche supposent le recours à un point de vue : le français est jugé « clair », « beau » ou « élégant », « logique », autant de qualificatifs qui semblent résumer ce que l'on a coutume d'appeler « le génie de la langue ».

La clarté

Ainsi, une construction peut être conforme aux règles de la grammaire mais donner lieu à équivoque. Par exemple, dans *le fils du voisin qui est aveugle* on ne sait si c'est le fils ou le voisin qui est aveugle. Il faut éviter les énoncés qui prêtent à ambiguïté ou à contresens.

On n'emploiera donc pas deux *on* dans la même phrase

s'ils n'ont pas la même référence : *On veut toujours qu'on nous comprenne.*

Ne terminez pas une lettre par *Dans l'attente d'une prompte réponse de votre part, veuillez agréer...* puisque la formulation suppose que c'est l'interlocuteur qui attend la réponse. La complexité peut aussi nuire à la clarté ; à

> La rupture d'une canalisation du cinquième étage du 3 de la rue de Sébastopol...

préférez par exemple

> Au 3 de la rue de Sébastopol, la rupture d'une canalisation du cinquième étage...

La logique

Avérer vrai est une tautologie et *avérer faux* une contradiction puisque le verbe *avérer* contient déjà le mot *vrai.* Les pléonasmes sont dits « vicieux » ; ils révèlent une méconnaissance du sens des mots et alourdissent inutilement le discours : ne dites pas *sortir dehors* ni *entrer dedans* là où *sortir* et *entrer* suffisent.

Une phrase comme *Dès que j'aurai reçu votre lettre, je m'empresserai de vous répondre* est fautive, puisque *dès que* indique l'immédiateté : *Je vous répondrai dès que j'aurai reçu votre lettre.*

De même, sont redondantes des formulations telles que : *un livre dont je n'en ai lu que quelques pages, une nouveauté récente, la dette due à l'Iran, il ne veut pas voir personne, comme par exemple, voire même, monopole exclusif, petit nain, secousse sismique, car en effet.*

On peut se demander pourquoi la faute de logique est vue comme une faute de langue, alors qu'elle concerne le raisonnement de l'individu : c'est que le français est défini comme une langue logique et que donc, tout raisonnement supposant l'usage de la langue, le pléonasme n'est pas seulement le signe d'un esprit vicieux mais aussi une atteinte au français dans son essence.

On peut faire la même remarque pour des énoncés condamnés non parce qu'ils ne sont pas conformes aux règles grammaticales mais parce qu'ils contredisent la réalité.

On ne peut pas écrire *Le docteur ne reçoit que les premiers lundis du mois* puisqu'un mois n'a qu'un seul premier lundi.

Énoncer *Ce pays n'a que 0,75 téléphones pour 100 habitants* est une stupidité qui nous oblige à imaginer des trois quarts de poste, et à mettre un *-s* à *téléphone* alors qu'il n'est même pas question d'un seul !

Il se promène les mains derrière le dos n'est pas non plus conforme à la réalité que l'on cherche à décrire puisqu'elle signifie que la personne a les mains sur le ventre.

N'écrivez pas *Il a tenté de se tuer plusieurs fois* mais *Il a tenté plusieurs fois de se tuer*.

La beauté

Solutionner est un néologisme inutile, puisqu'il double *résoudre*, et de surcroît « laid ».

> *Ici ou là* se dit à l'occasion ; mais *çà ou là* n'est pas français. L'assonance des trois petits mots *çà et là* a plu, mais bien que *çà ou là* soient aussi trois petits mots, ils sonnent si mal qu'on ne les a pas admis (H. Cuvillier).

> *Comparution* (espagn. *comparición*, ital. *comparizione*) est dérivé de *comparaître*, d'après le mot factice *comparution*, calqué sur *solutio*, *solution*. On devrait écrire *comparition*, d'après le latin *apparitio*. Pour ces

mêmes raisons, il faut, autant que possible, éviter d'employer *parution*, qui est d'ailleurs inélégant et lourd (Le Gal).

« *Émotionner, solutionner*, pour m'en tenir à ces deux monstres, valent moins qu'*émouvoir* et *résoudre*, ne serait-ce que pour l'euphonie » et à propos de *conséquent* au sens de « important » : « ... je donne raison à Littré par amour de la logique, et aussi de l'esthétique, *conséquent* étant à mon oreille un mot dépourvu de grâce » (Aristide).

Explications absentes, contradictoires ou partielles

Les puristes ou les grammairiens ne respectent cependant pas toujours eux-mêmes ces critères...

Explications absentes

Notons d'abord que, si la condamnation est portée, la justification n'en est pas toujours donnée : dans l'émission de télévision « Ex libris » du jeudi 22 novembre 1990, on a pu entendre Patrick Poivre d'Arvor annoncer « Bon, commençons par sérier les problèmes », puis, se tournant vers Jean Dutourd, s'excuser : « On ne doit pas dire *sérier les problèmes* », et l'académicien d'acquiescer... mais l'auditeur ne connaîtra jamais la raison pour laquelle cette association de mots serait interdite. Je ne sais pas non plus pourquoi l'emploi de *on* à la place de *nous* est condamné :

> *On* est fréquemment employé pour *nous* dans le langage familier ou populaire : *Après la cérémonie, on a été boire un verre. On faisait tout par nous-mêmes. Nous,*

> *on est parti quand même.* [...] On dira toujours mieux : *Après la cérémonie, nous avons été boire un verre...* (A. V. Thomas).

Vous dites que votre maison n'est pas finie de construire ? Attention :

> [...] ces phrases : *La lettre n'est pas finie d'écrire... La soupe n'est pas commencée de manger...* ne sont pas du tout françaises et méritent le seul nom de charabia (H. Cuvillier).

Où est la faute ? Pourquoi est-ce incorrect ? Nous n'en saurons rien !

> Un emploi particulier de l'adjectif possessif dans l'usage familier est réservé au verbe *faire : tu fais ton malin, il fait son grand seigneur* [...] C'est un gallicisme tout pareil et fort curieux que l'emploi de *son* ou *sa* au lieu de l'article avec *sentir* : *Un renard*, dit La Fontaine, *sentant son renard d'une lieue*, et son renard, c'est simplement le renard qu'il est. Molière dit de même *Cela sent son vieillard* ou *Cela sent son vieux temps*. Cet emploi de *son* n'est pas fréquent, parce qu'il n'est pas facile, mais il est toujours usité, et très élégant (P. Martinon).

Pourquoi le premier tour est-il d'un usage familier et le second très élégant ? Mystère : cela n'est pas précisé. Cela vous indiffère ? Vous avez tort :

> L'emploi de ce verbe est déconseillé. Plutôt que *Cela m'indiffère*, on dira de préférence *Cela m'est indifférent* (J. Capelovici).

Explications contradictoires

Remarquons ensuite que les critères invoqués n'ont rien de systématique, et que l'on peut taire une raison susceptible de justifier un usage traditionnellement condamné. Ainsi, pourquoi *Nous sommes concernés* serait-il suspect (*Défense de la langue française*, n° 14) puisque le verbe *concerner* est transitif et donc normalement à même d'être mis au passif ?

On ne devrait pas dire *malgré que* sauf dans *malgré qu'on en ait* parce que *malgré* doit s'analyser en *mal gré* et est donc équivalent à *mauvais gré* ; l'expression *malgré qu'on en ait* doit donc se comprendre comme « quelque mauvais sentiment qu'on ait de cela » et il est vrai dans ce cas qu'une phrase comme *Elle est sortie malgré qu'il pleuvait* est inappropriée. Mais on ne devrait alors pas davantage admettre *Elle est sortie malgré la pluie*, construction qui, elle, ne fait l'objet d'aucune condamnation.

Si l'on doit dire *se rappeler quelque chose* (construction directe) et *se souvenir de quelque chose* (construction indirecte), une construction (directe) telle que *Je me souviens avoir fait cela* devrait être exclue – or il me semble que personne n'y trouve à redire.

Réussir quelque chose ne serait pas une construction admissible ; pourtant, l'Académie enregistre *un plat bien réussi* : d'où vient ce genre d'expression sinon du renversement au passif de *réussir un plat* ?

Le verbe *clôturer* serait une création inutile puisque *clore* existe déjà ; mais comment dire autrement *Nous clôturons la séance*, puisque *clore* est défectif, c'est-à-dire n'a de formes conjuguées que pour les trois personnes du singulier ?

Et comment exprimer différemment *Je me rappelle de vous*, puisque *Je me vous rappelle* est aussi incorrect que *Je vous me rappelle*, lorsque l'on respecte la construction directe ? Employer *se souvenir* ? Peste ! comme vous y allez ! Cette proposition est inacceptable puisque ces deux verbes ne sont pas identiques :

> Quand on songe que *rappeler* est dérivé d'*appeler* (du latin *pellere*, « pousser »), on n'écrira jamais *Je m'en rappelle*, mais *Je me le rappelle*, c'est-à-dire j'appelle, j'amène de nouveau cela à ma pensée. C'est la mémoire active, comme le latin *recordor* ; tandis que *Je me souviens de* est la mémoire passive, comme le latin *mihi subvenit, venit in mentem* ou *memini* (H. Cuvillier).

Conseiller l'emploi d'un substitut, c'est pousser à l'impropriété, à l'imprécision : et que faites-vous donc du génie de la langue ?

On lit dans le *Dictionnaire des difficultés de la langue française* de Thomas : « *Les renseignements donnés se sont avérés faux* est indéfendable, puisqu'on accole l'idée de vrai et l'adjectif *faux*. » A ce compte, on ne pourrait pas non plus parler d'un renseignement vraiment faux, tour que personne (à ma connaissance) n'a condamné, ni conseiller de saupoudrer un gâteau de sucre ou de cannelle, puisque *saupoudrer* signifie à l'origine « poudrer de sel ».

Vous êtes de ceux qui disent *absolument* au lieu de *oui*, *alternative* et non *choix*, *excessivement* à la place de *très* ? Sachez-le : cette manie de mots « majestueux » d'au moins quatre syllabes trahit votre désir de paraître et de « faire intellectuel », ainsi en juge J. Capelovici. Le même condamne évidemment *achalandé*, mais au profit de *bien approvisionné*, suggère de remplacer *caravane* par *remorque habitable* ou *remorque de tourisme*, de ne plus dire *auto-*

détermination mais, comptez bien le nombre de syllabes, *droit des peuples à disposer d'eux-mêmes.*

L'impression que le lecteur retire de ces diverses comparaisons est finalement que la condamnation porte sur l'innovation en tant que telle, sur un changement apporté à l'ordre établi du seul fait qu'il s'agit d'un changement – R. Georgin, à propos de l'épineux *Vous êtes concernés* (dont Littré dit que « grammaticalement, cet emploi ne fait aucune difficulté »), n'avoue-t-il pas : « On est habitué à lire *Cette mesure vous concerne* » (*Code du bon langage*) ? En somme, la formulation gêne parce qu'elle dérange des habitudes (celles de ceux qui ne sont pas accoutumés à employer ce tour, bien entendu).

Le postulat est donc que toute modification est mauvaise : elle altère la pureté de la langue et est le fait de personnes incultes, qui abâtardissent le français par ignorance de son histoire ou de son génie. C'est pourquoi il est souvent recouru à l'étymologie, ou aux descriptions telles qu'elles sont proposées par les grammaires ou les dictionnaires traditionnels (comme celui de Littré, qui date de 1863-1872) pour justifier que l'on parle de « faute » et rétablir l'emploi correct.

Mais le discours puriste n'apparaît pas rationnel : il s'agit d'exclure une innovation, *a priori* considérée comme néfaste, ou un usage qui n'est pas le sien. Si l'on a des arguments, on les avance : pêle-mêle et selon le cas, étymologie, règle de grammaire, pureté voire beauté de la langue, clarté de l'expression, « génie » du français. Mais si ces critères vont à l'encontre de l'usage que l'on défend, on les cache : *aller au coiffeur* est condamné bien qu'il soit fidèle à la construction latine *ad* + accusatif – ce qui n'est pas mentionné :

> *Le cheval à mon père*. C'est une des tristesses des grammairiens que, malgré leurs objurgations, on continue à marquer la possession par *à* aussi bien que par *de*. *Ce chien est à moi, dirent des enfants*. Ils autorisent : *Ce cheval est à mon père* ; ils défendent : *Le cheval à mon père*. Hélas ! cette faute remonte exactement au ve siècle, puisqu'on lit sur un marbre de cette époque *Membra ad duos fratres*, pour *Membra duorum fratrum*. Voilà un solécisme qui a de belles lettres de noblesse (R. de Gourmont).

Littré lui-même n'est plus invoqué s'il admet une expression que l'on ne souhaite pas recevoir (par exemple *s'agissant de*). L'usage n'est considéré comme souverain que s'il va dans le bon sens. Les auteurs ne sont cités que s'ils illustrent l'emploi que l'on préconise, passés sous silence autrement (car des écrivains au-dessus de tout soupçon mettent le subjonctif après la conjonction *après que* ou emploient *par contre*, consultez *Le Bon Usage* de M. Grevisse, vous verrez). Et si l'on n'a pas d'argument, on condamne malgré tout.

Explications partielles

De surcroît, le rejet ne repose pas en général sur une analyse sérieuse des données ; l'étymologie peut être fausse – on doit écrire *poids* parce que le mot vient de *pondus* ? Pas du tout, il vient de *pensum* : où voyez-vous la justification du *-d* ? – ou elle peut être tue : tentez un *Si je veuille* pourtant conforme au latin, et vous verrez ce qu'il adviendra de votre témérité !

Étiemble annonce en 1964 l'avènement du franglais : en 1965, Pierre Guiraud compte 694 mots d'origine anglaise sur les cent mille unités de vocabulaire environ que compte le français (soit 0,7 %) – est-il bien rigoureux de parler d'invasion pour un tel pourcentage ?

On rejette les néologismes *émotionner* ou *solutionner* parce qu'ils doublent *émouvoir* ou *résoudre* et qu'ils sont « lourds » et « laids ». Mais démontrez-moi que *émouvoir* et *résoudre* sont « légers » et « beaux » et expliquez-moi pourquoi *sélectionner* échappe à l'anathème, de même que *actionner, additionner, stationner* et bien d'autres, construits sur le même modèle, et quel parasite il faut éliminer des doublets *copain* et *compagnon*, *parcelle* et *particule*, *soupçon* et *suspicion*. Là encore le raisonnement ne repose que sur quelques cas et ses conclusions relèvent donc d'une manipulation pure et simple.

On devrait dire *aller en voiture* mais *aller à bicyclette* : savez-vous pourquoi ? Consultons le *Dictionnaire des difficultés* de Thomas : « ... si nous considérons qu'*en* signifie “dans” et que nous voyageons bien dans une voiture ou dans un bateau, il est impossible d'admettre que nous montions dans une bicyclette. *Aller à*, en l'occurrence, a le sens *d'aller sur*. On est sur une bicyclette comme on est sur un cheval ».

Vous remarquerez d'abord que la justification de la construction est fondée sur la réalité désignée : or on ne monte pas **dans le mot** *voiture* ni **sur le mot** *bicyclette* ! Y a-t-il entre la langue et la réalité une relation si étroite qu'on puisse dériver de la réalité les usages linguistiques ? Pas du tout : les mots *an* et *année* renvoient à une même durée objective (douze mois) et ils n'ont pas les mêmes emplois ; on peut dire *chaque année* mais non *chaque an, depuis des années* mais non *depuis des ans*, *Cet enfant a deux ans* mais non *Cet enfant a deux années*. L'été, l'automne, l'hiver et le printemps désignent tous quatre les saisons : on dit bien *en été*, *en automne*, *en hiver* mais non *en printemps*.

Ce n'est donc pas parce que deux mots relèvent d'une même notion qu'ils se construisent de la même manière ; il y a un rapport de sens très proche entre *fréquent* et *souvent*, mais le premier est un adjectif tandis que le second est un adverbe.

Revenons à nos bicyclettes : il me semble que la position que l'on occupe est très semblable, que l'on parle de bicyclette, de vélo ou de tandem. Mais personne ne préconise de dire *à tandem* quoique tout le monde dise *en tandem* si l'occasion se présente. On est bien aussi sur des patins à roulettes ou sur une planche à voile : doit-on dire que l'on a fait le tour de la baie à planche à voile ? Et les naufragés sur leur radeau de la *Méduse* devaient-ils raconter qu'ils étaient revenus à radeau ?

Il n'y a qu'une série de mots où *à* ne fasse l'objet d'aucune hésitation ni d'aucune « faute » : on va quelque part à pied, à cheval, à genoux, à âne, à (dos de) chameau... Or que constate-t-on ? Qu'il s'agit de moyens en quelque sorte naturels de se déplacer, par opposition aux véhicules construits par l'homme que sont la voiture, le train, le bateau, l'avion... mais aussi la bicyclette, le vélo ou la moto. Il y a donc une autre logique que celle du grammairien qui semble s'appliquer là ; mais pour la découvrir, encore faut-il chercher à expliquer le changement, à voir dans le système de la langue ou dans le sous-système dans lequel il se produit à quels autres phénomènes il est relié ou il s'oppose et prendre la peine de réunir et d'analyser l'ensemble des données concernées.

C'est en testant systématiquement tous les noms avec *à* et avec *en* dans une construction indiquant un mode de déplacement (*aller à pied*, *partir en train*) que l'on peut se rendre compte qu'il y a un point commun entre ceux qui admettent *à* d'une part, entre ceux qui demandent *en* d'autre part, et que l'on peut s'apercevoir que *vélo*, *bicyclette*, ou *moto* se rapprochent de ceux qui demandent *en* : non seulement la preuve est faite que la « règle » avancée par les puristes ou les grammairiens est fausse, mais encore peut-on s'expliquer pourquoi les Français tendent de plus en plus à dire *en vélo*, *en bicyclette* ou *en moto*. L'évolution est irrésistible parce qu'elle est conforme au système de la langue, en quelque sorte sécrétée par lui ; un puriste peut préférer *à vélo*, mais qu'il ne dise pas que l'usage *en vélo* est fautif et contraire au génie de la langue.

Doit-on conclure que l'on a affaire à des mystificateurs, que les grammairiens sont aveugles ou les puristes ignorants ? Non : c'est que leur point de vue délimite une certaine conception de la langue qui détermine leur démarche.

II. Quelle conception un puriste a-t-il de la langue ?

La réalité de la langue est inaccessible, inobservable ; c'est un savoir inconscient, énigmatique dans sa constitution (nous ne savons pas comment chacun élabore cette grammaire mentale) comme dans son actualisation : au moment d'énoncer *L'enfant dort*, nous ne réfléchissons pas au fait de mettre d'abord *l'* puis *enfant* puis *dort* ; *l'* et non *le* ni *la*, *dort* et non *dorment*. Le choix des mots, leur position dans la phrase apparaissent comme le fait d'un processus mécanique, non délibéré – en particulier à l'oral. Et pourtant, il y a des règles : *L'enfant dort* est conforme à ce que permet la langue, mais non *Le enfant dort* ni *Le dort enfant* ni *Enfant l'dort*, etc.

Le puriste cherche à atteindre le réel de la langue à travers l'usage qui en est fait, car les phrases, les discours qu'on entend ou qu'on lit sont concrets, accessibles donc à l'observation ; mais les usages sont multiples et n'indiquent pas par eux-mêmes s'ils sont légitimes : « *se baser sur* n'est pas français », peut-on s'entendre dire. Mais si, c'est français, que serait-ce autrement ? Si ce n'était pas français, l'ordre même de la langue le rendrait impossible.

On dit *aller au coiffeur, aller au docteur, aller au bou-*

cher... en revanche, jamais je n'ai entendu *aller au grand-père, aller à l'ami* : personne n'a besoin d'interdire cette construction, car elle n'est tout simplement pas produite ; mais la langue permet *aller au coiffeur*, puisque c'est dit. C'est alors sa condamnation qui permet de repérer un usage comme illégitime ; mais sur quel critère interdire ?

L'usage est toujours relatif à une situation : que faut-il pour que deux individus se comprennent ? Qu'ils parlent la même langue, qu'ils aient les mêmes références, la même culture, que le message soit univoque, qu'il ne soit point choquant pour l'interlocuteur (car un blocage psychologique affecte aussi la communication entre les êtres).

Ce sont ces contraintes que l'on retrouve dans les justifications avancées pour défendre « le bon usage » – le réel de la langue elle-même en l'occurrence. L'emprunt à une langue étrangère ou l'emploi de mots techniques, le non-respect de l'étymologie ou, d'une manière générale, du patrimoine grammatical, l'ambiguïté, la circularité (le pléonasme) ou la contradiction, le mot grossier sont condamnés parce qu'ils violent ces règles d'une bonne communication, c'est-à-dire d'une manière ou d'une autre excluent l'interlocuteur. L'entente est fondée sur la stabilité d'un savoir commun, d'où la condamnation du changement.

Et, logiquement, ce savoir commun ne peut être défini que par référence à l'usage du puriste lui-même, qui légifère à partir de son point de vue. Celui qui condamne l'usage d'autrui assimile la langue à ses propres pratiques, quoi qu'il en dise, et dénonce toute atteinte à l'intégrité de cet usage valorisé qui est le signe, ou la définition, de son identité et de celle de son groupe. C'est un comportement banal, qu'il s'agisse de langue ou de tout autre aspect de la vie sociale : on se moque du bègue, de celui qui « zozote » ou de celui qui a un accent, comme on rejette celui qui se distingue par sa couleur, sa religion, ses habitudes vestimentaires ou culinaires.

Ainsi le purisme correspond-il à une impulsion sociologique profonde, la lutte contre tout ce qui n'est pas conforme au groupe : la différence est vue comme une menace, sa généralisation comme un facteur de désintégration. La sauvegarde de la langue n'est qu'une manifestation, qu'un aspect, d'une idéologie beaucoup plus globale et profonde, fondée sur le rejet de l'autre. La condamnation d'un emploi ou d'un néologisme est d'ailleurs souvent un jugement de valeur : « tour vulgaire », « expression populaire » qui, faisant de ces adjectifs des qualificatifs péjoratifs, reviennent à exclure de la (bonne) société langagière, et donc de la société tout court, les catégories non dominantes, sur le critère de leur ignorance, de leur manque de finesse, voire d'intelligence, et de culture.

D'aucuns se moquent ainsi de ces articulations emphatiques qui changent la physionomie du mot et déplacent l'accent de sa position habituelle : un « co**lll**oque » sur le « so**nnn**et » en « Ho**lll**ande » avec des « co**lll**ègues »... Au nom même des nécessités de la communication, elles pourraient se justifier par le désir en quelque sorte didactique de mieux se faire comprendre, en attirant l'attention de l'interlocuteur par une forme inattendue, inhabituelle. De surcroît, comme la liaison, elles marquent la connaissance, de la part de celui qui parle, de l'orthographe, donc son appartenance à une culture et à une classe sociale valorisées. Pourtant, il y a moquerie, donc rejet. Pourquoi ?

Parce que cette articulation est justement le signe trop ostentatoire du besoin de marquer que l'on « sait », donc le témoignage d'une insécurité qui révèle elle-même que l'on n'est qu'une pièce rapportée. Ainsi les aristocrates de souche se moquent-ils à part eux de ces parvenus qui disent « au château » alors qu'eux-mêmes disent « à la maison ». On rira d'autant plus de l'usurpateur démasqué par sa propre maladresse, qui dit « C'est très a**lll**éatoire », révélant par cette hypercorrection – c'est-à-dire l'application d'une règle à contretemps – à la fois son désir de s'intégrer à un groupe considéré comme prestigieux, sa naïveté (puisqu'il prend des cuistres pour modèles) et son impuissance (il ignore l'orthographe *aléatoire*) : le candidat n'est vraiment pas digne d'être accepté !

Celui qui énonce *Vous disez* est moqué parce que, ce faisant, il aligne *dire* sur tous les autres verbes, mais aussi lorsqu'il profère *Vous contredites* parce qu'ainsi il aligne ses composés sur *dire* alors que ce verbe est le seul de son espèce ; dans les deux cas, *dire* n'est pas connu comme exception, or c'est précisément la maîtrise des irrégularités qui marque l'appartenance à une certaine classe, car pour les régularités n'importe qui est capable de les assimiler.

Cependant, le purisme n'est pas le seul fait d'une élite ni d'une idéologie conservatrice ; les classes objectivement les plus intéressées par une simplification de l'orthographe se prononcent contre une réforme, même limitée ; les partis les plus engagés dans une politique d'intégration ont dans leurs rangs de farouches contempteurs des emprunts à l'anglo-américain. Des gouvernements de droite comme de gauche édictent des lois concernant la protection du français (par exemple, loi Bas-Lauriol de 1975 instituant l'emploi obligatoire du français dans les échanges commerciaux, les contrats de travail, la publicité ; circulaire de 1982 qui étend l'application de la loi précédente aux exportateurs de produits étrangers vers la France ; décret de 1983 qui oblige à l'emploi du français, et notamment des néologismes créés par les commissions, toutes les institutions dépendant de l'État). Et le ministre de la Culture, Jacques Toubon, reprend le flambeau début 1994…

Les Français, à quelque horizon social ou politique qu'ils appartiennent, aiment leur langue et ne tolèrent pas qu'on la transforme ; on pourrait certes avancer diverses raisons qui justifient cet amour : c'est par la langue que chacun se constitue comme sujet, définit son identité, son rapport au monde et aux autres, c'est elle qui en quelque sorte nous enfante. Elle est aussi un héritage, qui nous relie à une culture dont nous sommes fiers et à un passé prestigieux – dont on peut avoir la nostalgie ; et en même temps une possession à laquelle on tient d'autant plus que son acquisition (à travers la grammaire et l'orthographe) ne s'est souvent pas faite sans peine.

Mais l'amour en grande partie échappe au rationnel, et la défense de la langue en France

> prend naturellement un tour passionnel. Il faut garder ce lieu sain parce qu'il est saint, secret parce qu'il est sacré. Il faut le protéger afin que nul n'y pénètre : car toute intrusion serait souillure, toute fécondation pollution (D. Couquaux).

Cette passion qui exclut que l'on touche à l'objet aimé, et se refuse à toute argumentation de peur d'être convaincu d'avoir à le faire, empêche le puriste d'entreprendre une véritable réflexion linguistique alors même qu'elle étaierait ses jugements ; par exemple, on pourrait sans doute justifier l'inutilité de *malgré que* (et donc sa condamnation) par l'examen de l'ensemble des conjonctions et des prépositions : dans les premières, on a déjà *bien que* et *quoique* exprimant la restriction, mais *malgré* est la seule préposition disponible pour exprimer cette notion et donc doit soigneusement être sauvegardée en tant que telle. Ou encore, on pourrait montrer que *réussir* n'est pas le même verbe selon que l'on parle d'un examen ou d'un plat : il équivaut à *obtenir un succès à* dans le premier cas, mais on ne dirait pas *obtenir un succès à un plat.* En revanche, on pourrait affirmer que *Ce plat est une réussite* mais non que *Cet examen est une réussite* ; et si l'on dit bien *réussir à un examen*, on n'a pas *réussir à un plat.* Dans ces conditions, il existe des arguments linguistiques permettant à la fois de justifier que l'Académie admette *un plat bien réussi* et que Abel Hermant préconise la construction *réussir à* avec le nom *examen.*

Mais, on l'a vu précédemment, les puristes, lorsqu'ils avancent des raisons, se cantonnent à l'extérieur de la langue, comme si pénétrer dans son système était un viol, tabou aussi grave que celui de l'inceste (pour continuer les métaphores que l'on peut filer autour de l'expression « langue maternelle »). Le puriste est le gardien de la pureté de la langue : nul ni rien ne doit y (la) toucher.

La langue pourtant ne peut échapper au changement

Mais pour que nul ni rien ne puisse atteindre la langue, il faudrait qu'elle reste abstraite, inutilisée. Tant qu'elle est parlée et écrite, elle est nécessairement soumise aux hommes, donc au temps, par conséquent à l'évolution : seules les langues mortes restent immobiles. L'appellation

« le français » est d'ailleurs abusive : on a bien le sentiment, lorsqu'on lit Rabelais, Montaigne, Racine, Rousseau ou Chateaubriand, qu'il y a des différences par rapport au français contemporain, qu'on ne peut parler du français (au singulier) qu'au prix de la neutralisation d'un grand nombre de différences, malgré l'aspect trompeur des éditions, qui actualisent la syntaxe, la ponctuation et l'orthographe, ce qui laisse croire faussement à une permanence linguistique à travers les siècles.

Le modèle longtemps retenu par la tradition scolaire fut celui de la littérature « classique » : le critère est donc extérieur au système linguistique ; mais cette langue proposée comme modèle est elle-même le résultat d'une histoire ; il faudrait parler comme Corneille ou Voltaire écrivaient, mais pourquoi a-t-on isolé ces états (celui du XVIIe siècle, ou celui du XVIIIe siècle) comme parfaits représentants du français ? Ne sont-ils pas eux-mêmes une étape provisoire, le résultat de changements arrivés au français du XVe ou du XVIe siècle ?

Pourquoi condamner les néologismes actuels (*solutionner*) ou les emprunts contemporains (*saisir, avoir, offrir une opportunité*) mais non les termes qui sont peu à peu apparus au long de l'histoire antérieure : *gamin* (allemand), *tulipe, salade* (espagnol), *satin, serviette, violon* (italien), *jupe, magasin, orange, café* (arabe) ?

Pourquoi se référer au latin et ne point déplorer la disparition du gaulois (dont il ne nous resterait qu'environ deux cents mots) ?

On condamne *Je me rappelle de quelque chose* au profit de *Je me souviens de quelque chose* mais ce dernier tour est lui-même un solécisme, ayant pris la place de l'autrefois seul régulier *Il me souvient de quelque chose* (en usage jusqu'au XVIe siècle) : pourquoi se référer à telle période plutôt qu'à telle autre ?

Au nom de quoi défend-on l'orthographe *haut*, du latin *altus*, dont le *h* viendrait d'un emprunt (*hoch* en allemand ou *high* en anglais, dont les sens sont voisins) ?

Les polémiques à propos de la réforme de l'orthographe lancée fin 1989 donnent la même impression d'incohérence : certains défendent maintenant la graphie *nénuphar*, adoptée par le *Dictionnaire de l'Académie* seulement en 1935 ; auparavant (voir par exemple l'édition de 1878), seule la forme *nénufar* était retenue, en conformité avec son étymologie arabe (*nînûfar*), et la modification de l'Académie était fondée sur une fausse étymologie (rapprochant *nénuphar* de *nymphéa*, qui vient du grec).

Sans doute sommes-nous condamnés à l'impureté s'il s'agit, pour pratiquer une langue pure, d'employer les mots dans leur sens premier : songeons que *frayeur* vient du latin *fragorem*, « fracture », *tuer* de *tutari*, « protéger » et *caracoler* de l'espagnol *caracol*, « limaçon » (étymologies fournies par le *Grand Larousse de la langue française*). De surcroît, rien ne garantit au puriste qu'il détient la pureté de la langue, comme on vient de le voir, ni qu'il est à l'abri de la pression des usages pernicieux qu'il dénonce. Aristide, J. Capelovici ou M. Yaguello, par exemple, citent malicieusement de nombreuses fautes commises par des académiciens, à l'oral comme à l'écrit, et « Abel Hermant, le plus illustre défenseur des causes perdues, faisait la petite bouche devant *démissionner* (*Xavier*, 1923, p. 106), ce qui ne l'empêchait pas de l'employer lui-même dans ses livres (*Les Grands Bourgeois*, VII), tant il est vain d'aller à contre-courant de l'usage » (A. Goosse, *Façons de parler*).

De plus, en quoi les états antérieurs du français seraient-ils supérieurs au nôtre ? En latin, on disait *tu* à tout le monde ; en français, on dispose de *tu* et *vous* selon l'interlocuteur : complexité coupable car inutile ? Ou meilleure adaptation aux relations interindividuelles ?

Le français traduit par une seule construction (*de* + nom) le génitif latin, qui connaissait plusieurs formes selon la déclinaison du mot (*rosae* pour *rosa*, *domini* pour *dominus*, etc.) : va-t-on juger que l'on gagne en simplicité ? que l'on perd en précision ?

Et quelle appréciation globale va-t-on porter sur l'évolution du latin au français, en considérant les deux exemples précédents : le latin est-il plus clair et plus logique que le français ? Ou est-ce l'inverse qui est vrai ? Chaque langue a ses propres moyens d'expression : il est difficile, sinon abusif, de porter un jugement de valeur sur un fait isolé, sur un changement, et arbitraire de le généraliser à l'ensemble de la langue si l'on n'a pas au préalable examiné le système tout entier.

Mais parler de système, c'est croire à la possibilité de rendre compte de régularités, c'est concevoir la langue comme un objet descriptible et explicable, ce qui n'est précisément pas la théorie (implicite) des puristes :

> Si le réel n'est pas représentable, la langue, comme telle, n'est pas, au sens de Lacan, mathématisable en termes de représentation : il ne saurait y avoir, par les voies d'aucune théorie, transmission d'un mathème touchant le réel ; si transmission il y a, elle consiste proprement en une initiation, passant par des voies diversement dénommées – l'appartenance ethnique, sociale, l'« honnêteté » de Vaugelas –, mais échappant toujours à la raison – figure du sujet supposé au mathème (J.-C. Milner, *L'Amour de la langue*).

Qu'est-ce au juste que la « pureté de la langue » ?

On ne peut donc soutenir sérieusement que le bon usage est dans le respect des sources étymologiques ou d'un certain état, classique, de la langue ; en quoi consiste alors « la pureté » du français ?

La clarté

Ce serait une langue « claire », la faute étant alors d'introduire la confusion et l'obscurité.

Qu'est-ce à dire ? Que chaque mot a un sens précis et univoque, que chaque construction a une valeur stable et dénuée d'ambiguïté ?

Respecter la pureté de la langue serait donc choisir le mot juste et la construction appropriée à ce que l'on veut exprimer, sachant que les mots ne sont pas interchangeables ni la syntaxe dénuée de sens. Selon le tempérament, on se gaussera ou l'on se désolera d'entendre parler dans un journal télévisé des « points léthargiques de la circulation » (il est vrai qu'il s'agit de localiser les endroits où la circulation est très ralentie) ou des « tirs spasmodiques » sur tel front (mais, après tout, les tirs sporadiques sont peut-être dus à des contractions musculaires involontaires). Autant d'impropriétés qui abâtardiraient le français.

Mais donner une telle définition de la pureté de la langue, c'est considérer qu'en « bon » français, un mot, une construction ont une seule valeur à une époque donnée et que cette identité n'a rien à voir – ou ne devrait rien avoir à voir – avec celle des autres mots ou constructions analogues.

C'est une ignorance coupable de cette valeur intangible qui nous ferait établir des analogies entre *errements* et *erreur*, *somptuaire* et *somptueux*, *aller en voiture* et *aller à vélo*, *avant qu'il soit* et *après qu'il soit*.

Or, sauf peut-être dans les langues techniques et scientifiques ou dans les langages formels, ce principe d'univocité n'est nullement réalisé. Il suffit d'ouvrir un dictionnaire pour s'apercevoir que l'écrasante majorité des mots sont polysémiques, c'est-à-dire ont plusieurs sens selon les emplois (ainsi le nom *femme* peut-il désigner l'épouse ou l'être humain de genre féminin) et qu'inversement une même notion peut être véhiculée par des formulations synonymes (*gardien de la paix, agent de police*).

Même la syntaxe n'est pas univoque : la construction *C'est Paul* n'a pas la même valeur selon que je présente Paul à quelqu'un (je pourrais alors aussi dire *Voici Paul*) ou que je réponds à la question *Qui a cassé le vase de Soissons ?* (Ici, *C'est Paul* n'est plus équivalent à *Voici Paul.*) Comparons de même la valeur de *C'est Paul qui...* dans :

> C'est Paul qui arrive ! (= Voilà Paul qui arrive)
> C'est Paul qui a cassé le vase ! (= Ce n'est pas moi)
> C'est Paul qui va être content ! (= Paul va être très mécontent)

Les catégories grammaticales elles-mêmes sont instables : le dictionnaire range *femme* dans la classe des noms, mais ce mot a un emploi comparable à celui d'un adjectif dans *Elle est très femme*. Des prépositions comme *pour* ou *contre* sont noms dans *Le pour et le contre* et adverbes dans *Je suis pour, Je suis contre*. Les adjectifs peuvent devenir des noms : *le beau, le vrai*, de même que les verbes : *un rire, un sourire*.

La langue n'est pas une liste de termes ou de structures indépendants les uns des autres, mais un ensemble d'unités qui se définissent les unes par rapport aux autres, qui sont donc solidaires, s'influencent, se concurrencent. Cela lui permet de fonctionner sur la base d'un nombre relativement restreint d'unités, si on le compare à la masse d'informations qu'il est possible de transmettre. Le français serait peut-être plus pur si, à chaque notion, correspondait univoquement un seul signe, mais combien de temps mettrait-on à le maîtriser ? Il paraît qu'il faut au moins quarante ans pour s'assimiler toutes les finesses du chinois écrit, langue que l'on peut caractériser par le principe d'univocité...

La logique

L'idée que le français est logique fait aussi partie des poncifs bien ancrés dans la tradition – et dans l'image que les Français se font de leur langue – mais cette appréciation est à la fois purement subjective et totalement circulaire. Purement subjective parce que c'est relativement à son propre fonctionnement mental – tel au moins qu'on croit l'appréhender – que l'on porte un tel jugement ; totalement circulaire parce que ce fonctionnement ne peut pas être repéré autrement qu'à travers la langue.

Nous avons bien l'impression, en effet, en entendant un coq, qu'il crie *Cocorico !* En fait, ce mot ne nous semble parfaitement décrire le cri du coq que parce que c'est par lui qu'on a appris à le nommer : pour un Espagnol, le même volatile fera – tout aussi naturellement – *Quiquiriqui !* et pour un Britannique *Cock-a-doodle-doo !*

Autrement dit, nous percevons la réalité à travers le mot

qui la désigne, et la nécessité de la relation entre les deux n'est telle qu'à l'intérieur d'une communauté linguistique donnée : il n'y a que pour un Français, qui dispose du mot *Cocorico !* pour désigner le cri du coq, que ce mot est l'expression logique du cri du coq.

De même, on entend dire que l'ordre « sujet + verbe + complément » serait le plus normal, parce que c'est ainsi qu'on penserait : il serait naturel de concevoir d'abord l'être ou la chose, et ensuite seulement ce qui s'applique à eux. Mais dans *Je vais donner ce livre à mon ami*, rien ne garantit que ce soit d'abord *Je* qui soit venu à l'esprit : on peut avoir songé à son ami puis s'être demandé ce qui lui ferait plaisir ; ou, voyant le livre, imaginer ce qu'on allait en faire. Affirmer que *Je* est le point de départ de la pensée, n'est-ce pas se fonder sur la place du mot dans la phrase ?

On voit alors en quoi la démarche est circulaire ; elle suppose en effet le « raisonnement » complet suivant : le mot *Je* commence la phrase, or la phrase reflète la pensée, donc *Je* est le point de départ de la pensée, par conséquent il est logique que *Je* commence la phrase ! A ce compte, un énoncé comme *Dites-moi où se trouve Paul* témoigne d'un grave dérèglement psychique : *Dites* n'a pas de sujet et *Paul* est placé après son verbe.

Ainsi sa conception de la langue interdit-elle au puriste un rôle efficace : faute d'y voir un ensemble qui, autonome (par rapport au monde, à la pensée et aux situations dans lesquelles s'actualisent ses usages), a sa propre cohérence, il recherche ailleurs qu'en elle-même les raisons qui peuvent justifier par l'interdit une limitation au pullulement des usages. Mais cet interdit est toujours arbitraire, précisément parce qu'il heurte ce que la langue permet, et qu'il se fonde sur un extérieur qui n'a pas de prise sur elle.

La langue institue ses propres valeurs

Certes la langue a un rapport avec le monde, mais qui n'est pas de fidèle représentation : elle en parle à sa manière ; en quelque sorte, elle en a sa propre interprétation ; aussi est-il inopérant de chercher à expliquer son fonctionnement ou à donner des règles en projetant sur les mots les catégories qui décrivent la réalité.

Aller au coiffeur est à éviter au profit de *aller chez le coiffeur* pour la raison, dit A. V. Thomas, que « *aller à* ou *au* est réservé aux choses » : on a bien là une explication d'une construction (le choix de la préposition après le verbe *aller*) qui se fonde sur la répartition, dans la réalité, entre « êtres humains » et « choses ».

Or, si l'on peut par cette règle expliquer que l'on dise *aller chez Renault* ou *aller chez Larousse* (bien que l'on parle de lieux) puisque *Renault* et *Larousse* sont des noms de personne à l'origine, on ne peut pas rendre compte que l'on aille également (et tout aussi grammaticalement il me semble) à Pasteur (l'institut), à Bichat (l'hôpital), à Fénelon (le lycée), à Coubertin (le stade), à Picasso (le musée) ou à Pompidou (le centre), alors que *Pasteur, Bichat, Fénelon, Coubertin, Picasso* ou *Pompidou* désignent de même des personnes – ni que l'on puisse aller chez Volkswagen ou chez IBM, alors que ni *Volkswagen* ni *IBM* ne sont des noms humains.

Est-ce que, donc, la notion de « personne » est bien pertinente ? D'autant que l'usage condamné ne s'étend pas à tous les noms désignant des humains ; nul ne dirait[1] :

> * Je vais à Luc ce soir.
> * Les enfants vont à mes amis ce week-end.

1. L'astérisque signale que la phrase est inacceptable.

* Il va à sa grand-mère pendant les vacances.

à la place de :

Je vais chez Luc ce soir.
Les enfants vont chez mes amis ce week-end.
Il va chez sa grand-mère pendant les vacances.

Les noms concernés sont ceux qui désignent une profession (*brocanteur, docteur, dentiste, coiffeur*) ou éventuellement une fonction (*député, maire*), c'est-à-dire des personnes en tant que l'on s'adresse à elles pour un service, définies par une activité sociale bien précise se déroulant en un lieu caractéristique ; et lorsque le métier n'implique pas un service ou un endroit précisément définis, *aller à* ne s'emploierait pas[1] :

? Aller au cultivateur
? Aller au professeur
? Aller au journaliste

En somme, on dit qu'on va au boulanger comme on dit qu'on va au pain : *boulanger* désigne plutôt une source (de nourriture), un lieu – d'ailleurs, lorsque le nom du lieu lui-même n'est pas disponible (comme pour boulangerie et boucherie), on utilise aussi bien celui du professionnel dans les plaques ou enseignes de rue (coiffeur, docteur).

Ainsi, linguistiquement, ces noms ne coïncident pas avec la catégorie de la réalité ou de la pensée « les personnes » ; de fait, ils ont des propriétés particulières. Par exemple, dans la position d'attribut, ils n'ont pas d'article, sont donc proches des adjectifs – les adjectifs désignant des qualités et non des personnes : *Luc est coiffeur.*

De plus, ils ne répondent pas alors à la question *Qui ?* mais à la question *Quoi ?* (réservée aux « choses ») :

1. Le point d'interrogation indique une acceptabilité douteuse.

Paul est quoi ? – Boucher

mais non :

Paul est qui ? – Boucher.

Remarquez aussi que, de la même manière que *lui* ne peut pas remplacer *livre* (donc un nom qui ne désigne pas une personne) dans :

Je pense à ce livre / Je pense à lui
Je viens avec ce livre / Je viens avec lui,

il ne peut pas se substituer à *coiffeur* dans :

Je vais au coiffeur /Je vais à lui
Je vais chez le coiffeur /Je vais chez lui.

Les dialogues suivants sont étranges (si *aller chez le coiffeur* signifie « aller se faire coiffer ») :

« Je dois aller chez le coiffeur.
– Quand vas-tu chez lui ? »

« Je vais chez le coiffeur.
– Oh, j'irais bien chez lui avec toi ! »

Le pronom approprié est *y* (réservé aux « choses ») :

« Je vais aller chez le coiffeur.
– Quand y vas-tu ? Je peux y aller avec toi ? »

La langue construit donc ses propres références, qui ne se confondent pas avec les réalités extérieures (ou l'idée qu'on s'en fait) : en l'occurrence, ces noms (*coiffeur, dentiste, boucher,* etc.) ne désignent pas, linguistiquement, des « personnes ». Il y a une répartition des emplois, l'absence de *chez* impliquant un lieu, une source, la potentialité d'un service, et la présence de *chez* la personne en tant que telle. *Chez* dans *aller chez le coiffeur* indiquerait une relation d'intimité avec quelqu'un, supposerait que l'on va chez lui, dans sa maison – ce que corrobore l'étymologie – et non dans un salon de coiffure ; préconiser de dire *chez le coiffeur* pour le cas où l'on parle d'aller se faire coiffer rend l'expression ambiguë, donc communicativement moins efficace.

De même, *aller aux filles* n'a pas les mêmes possibilités d'interprétation que *aller chez les filles*, cette dernière construction pouvant être utilisée par exemple par une mère allant rendre visite à ses enfants, ce qui n'est pas le cas de la première. On pourrait encore comparer *aller aux flics* (c'est-à-dire aller dénoncer quelqu'un, ou aller se plaindre) et *aller chez les flics* (auquel cas on peut se faire offrir le pastis, possibilité non envisageable si l'on parle d'aller aux flics).

Comment expliquer *aller à Bichat, à Coubertin, à Fénelon* par opposition à *aller chez Larousse, chez Renault, chez Chanel* ? Certainement pas, là non plus, en invoquant les « personnes », puisque tous ces noms sont semblables de ce point de vue. L'examen des contextes permet de s'apercevoir qu'ils n'appartiennent pas au même microsystème linguistique : on parle de la maison Larousse mais non de la maison Bichat (pour désigner l'hôpital), de la maison Nicolas mais non de la maison Fénelon (s'il s'agit d'un lycée). Parallèlement, on est employé par Larousse ou par Nicolas, mais non par Bichat ni Fénelon.

Autrement dit, *Larousse, Renault, Chanel, Nicolas* – mais aussi *Volkswagen* ou *IBM* – sont définis par un réseau dont fait partie l'emploi de la préposition *chez*, par opposition à *Bichat, Fénelon, Pompidou* ou *Coubertin*, avec lesquels on utilise la préposition *à*, réseau dans lequel, on le voit, la notion de « personne » n'est pas pertinente.

Dans l'intérêt même du triomphe du point de vue puriste – sauvegarder l'intégrité de la langue –, il est nécessaire de commencer par se faire une idée claire des fonctionnements en jeu ; sachons en quoi consiste le système linguistique et quels usages il permet, afin de mieux le défendre, à l'aide d'arguments dûment étayés :

> Ajouterai-je qu'on devrait étudier systématiquement, et sans parti pris, les « incorrections » ? Dans la pratique on peut en penser ce qu'on voudra, et rien n'est plus légitime que de leur faire la guerre à l'école et dans le monde ; mais le souci exclusif de les condamner relègue dans l'ombre plusieurs points importants. D'abord on ne fait pas des fautes pour le plaisir d'en faire : les incorrections, celles du moins qui ont la vie dure et résistent aux vitupérations du purisme, procèdent le plus souvent de tendances profondes du langage en général ou d'un idiome en particulier ; ainsi, même quand on a pour unique objectif de les extirper, on ne saurait y parvenir si l'on ignore leur origine et leur raison d'être : on ne peut guérir une maladie si l'on en ignore la cause (Charles Bally, *Le Langage et la Vie*, Genève, Droz, 1952).

Et si ennemis il y a, ne nous trompons pas de cible, même si la tradition est de relier la langue à autre chose qu'elle-même. Le débat sur la clarté, la logique et la beauté du français – et sa défense – est ancien, mais en effet historiquement toujours relié à des motivations sociales et politiques. Il s'est d'abord agi (au XVIe siècle) d'affirmer l'existence même du français en tant que langue, son identité propre face au latin et sa valeur aussi face aux autres parlures – donc son aptitude à devenir langue « nationale » – lorsque s'est constitué le royaume en Ile-de-France : l'argument est que le français n'est pas qu'un dérivé abâtardi du latin car la « perte » des déclinaisons est compensée par un ordre syntaxique spécifique ; la clarté de la phrase française est alors valorisée par opposition à la complexité (permise par l'existence des déclinaisons) de la période latine et, loin de chercher à en imiter le modèle, il faut au contraire en éliminer toutes les scories (encore présentes dans le discours médiéval), en affirmer l'identité (netteté, simplicité, élégance) – c'est toute la tâche des puristes du début du XVIIe siècle (mouvement inauguré par Malherbe) que d'édicter les règles d'un « bon usage » (Vaugelas).

C'est à la *Grammaire de Port-Royal* (1660) qu'il revient d'avoir théorisé le rapport langue-logique : l'ordre syntaxique français est conforme au fonctionnement de la pensée, dont la première opération est de concevoir des idées (mots isolés), la seconde de les unir par le jugement (proposition), et la troisième de raisonner, c'est-à-dire d'enchaîner les jugements de façon non contradictoire (discours). La structure de surface de la proposition assertive française est conforme à l'ordre logique, elle reflète l'ordre « naturel » : ce dont on parle est placé avant ce qu'on en dit.

La volonté de Port-Royal est universaliste, et non plus nationaliste (liée à l'édification d'une nation française) : tous les hommes pensent de même et toutes les langues possèdent donc une identique structure logique sous-jacente, bien que cela ne soit pas nécessairement apparent en surface (dans les phrases réalisées). Mais cette théorie est ensuite utilisée pour la démonstration de la supériorité du français, langue aussi parfaite que la nation et le roi (Louis XIV) qui la parlent, en harmonie avec une suprématie politique, militaire et culturelle indiscutable : le français est supérieur parce qu'il est fondé en raison, c'est-à-dire parce que son ordre syntaxique est conforme à la démarche de la pensée. Un grammairien comme Louis le Laboureur (*Avantages de la langue française sur la langue latine*, 1669) en arrive ainsi à soutenir que les Latins ne parlent pas comme ils pensent, puisqu'ils pensent (comme tout le monde) selon l'ordre français et que cet ordre n'est pas celui de la phrase latine !

Rationnel par essence, le français est beau du même coup, puisque conforme à la nature, « parce que dans cette Langue la Nature et l'Art sont presque toujours d'accord » (François Charpentier, *De l'excellence de la langue française*, 1683).

On conçoit que toute modification apportée à cette perfection – par définition indépassable – soit jugée néfaste, ne pouvant que lui être dommageable : les usages, moteurs d'une évolution qui a permis au français de se dégager du latin et d'affirmer son identité pour enfin l'amener à son apogée, deviennent maintenant suspects de le corrompre ; le changement ne peut plus être que négatif. Et cette menace concerne, à travers la langue qui la symbolise, l'identité même de la France ou d'une certaine idée de la France : le célèbre comte de Rivarol reprend le flambeau de l'ordre syntaxique rationnel, tel qu'il s'épanouit au siècle classique sous Louis XIV, contre la rhétorique « populaire » (républicaine) manipulatrice (*De l'universalité de la langue française*, 1784). A la fin du XIXe siècle et encore aujourd'hui, c'est souvent pour défendre l'identité française contre l'impérialisme économique et culturel de l'Allemagne (dans les périodes critiques) et de l'anglo-saxon que l'on glorifie les qualités éternelles du français.

On me dira que le purisme n'est plus d'actualité : de l'aveu même de ses tenants, les Français ne sont-ils pas devenus fatalistes, à penser qu'on ne peut pas légiférer sur la langue ? Dans un article du *Figaro* du 29 juillet 1993 intitulé « Le Sabir », Yves Berger, scandalisé par une récente publicité promouvant un apéritif anisé : « The pastis né in the country of the cigales », tente, mais apparemment sans grand espoir de réussite, de sensibiliser ses lecteurs :

> Qu'ajouter ? Que nous ne nous révolterons jamais assez. Déjà, pas assez vite. Cioran note, pour s'en étonner et s'en épouvanter, que les Français paraissent indifférents aux coups portés au français, comme si les agissements des voyous ne regardaient que leurs auteurs, comme si la langue française n'était pas la propriété de tous et qu'une minorité mercantile et misérable eût le droit de saboter, sous les yeux de la majorité silencieuse, qui ne voient pas, une construction ancestrale et magnifique.

Pourtant, malgré ce pessimisme, il me semble que le purisme est représentatif de la sensibilité dominante à propos de la langue, si l'on se fonde du moins sur les témoignages explicites : beaucoup de gens répugnent à écrire de peur de faire des fautes, de ne pas respecter le bon usage – c'est donc qu'ils sont sensibles à son existence et à son importance, s'ils n'en connaissent pas eux-mêmes tous les détours. Lorsqu'un journal ou un magazine laisse la parole à ses lecteurs, les lettres publiées ne prennent jamais la défense des anglicismes, des solécismes ou des barbarismes mais, au contraire – c'est justement pour cela que l'on se donne la peine d'écrire –, les condamnent et déplorent en particulier le peu de scrupules des habitués du micro ; ainsi dans *Le Monde radio-télévision* de la semaine du 28 décembre 1992 au 3 janvier 1993 :

> Cela dit, je regrette que son générique englobe quotidiennement deux anglicismes tout à fait inutiles, à savoir le mot *jackpot* au lieu de *cagnotte* ou *enjeu*, et celui de *challenger* au lieu d'*adversaire*. Je suis également déçu qu'au cours de l'émission le présentateur ne pense pas toujours à éliminer systématiquement l'expression *tie*

> *break* et à lui substituer automatiquement celle de *jeu décisif* [...] On devrait pouvoir espérer que nos chaînes publiques veillent à être en toute circonstance en première ligne de ce combat (François Cantalapiedra, Bougival ; à propos de l'émission « Questions pour un champion »).

Ou encore :

> [...] Parmi les fautes à répétition, voici une forme interrogative sur laquelle on peut s'interroger :
> • *« Il y a un débat pour savoir jusqu'où doit-il aller... »* (Anne Sinclair à « 7 sur 7 », le 3 février 1991).
> • *« Est-ce que les soldats vont-ils intervenir ? »* (Paul Amar sur France-2 au journal de 20 heures, le 7 décembre 1992).
> • *« Reste à savoir dans quelles conditions les choses vont-elles avancer... »* (sur... France-Culture, le 14 juin 1988 au journal de 12 h 30).
> Pour faire avancer les choses, passons à une nouvelle conjugaison :
> • *« Est-ce que vous êtes de ceux qui pensez... »* (France-Inter, le 14 juillet 1992, à 13 h 30).
> • *« Est-ce que vous faites partie de ceux qui pensez... »* (Anne Sinclair à « 7 sur 7 », le 9 décembre 1990, interrogeant Florence Artaud).
> • *« Vous étiez de ceux qui dénonciez... »* (France-Inter, le 20 novembre 1991 à 8 h 55, par un journaliste interrogeant Georges Fillioud).
> • *« Est-ce que vous faites partie de ceux qui dites... »* (encore à « 7 sur 7 », le 13 décembre 1992) [...] (R. Geffré, Surgères).

Et dans *Télé 7 Jours* :

> Trop de fautes. J'ai participé aux demi-finales du championnat d'orthographe organisé par Bernard Pivot. Je suis de l'avis de Jacques Capelovici qui pense qu'il faudra bientôt inventer un nouveau verbe : *réouvrir*, alors que le seul autorisé est *rouvrir* ! Je convie tous les responsables à consulter leur dictionnaire. Trop de fautes

> de langage sont commises à la télévision (Mme Pezeire, Marseille, semaine du 27 au 30 juillet 1993).
>
> Pourquoi cette utilisation excessive du franglais à la télévision ? Présentateurs et animateurs emploient à outrance cet étrange vocabulaire. Est-ce une mode ? Les responsables sont-ils satisfaits de ces outrages au beau langage ? Je suis indigné (M. Jean-Jacques Debiazi, Saint-Raphaël, semaine du 18 au 24 septembre 1993).

Il me semble donc qu'on ne peut pas reprocher aux Français de se désintéresser du sort de leur langue et qu'en revanche lorsqu'ils manifestent leur opinion, celle-ci va dans le sens des puristes. Plus que leur indifférence, c'est leur impuissance qui frappe. Le premier correspondant « regrette » et « espère » mais au conditionnel et avec deux verbes de modalité... ce qui réduit considérablement, de son propre aveu, les chances que son souhait se réalise ! Le deuxième annonce de nouvelles « perles recueillies depuis de nombreuses années » et trouve ces fautes « inadmissibles », comme le dernier, qui « s'indigne » et interpelle les gens de télévision, mais sans proposer de solutions. La troisième est plus positive, engageant à consulter un dictionnaire, mais *réouvrir* est dans le *Trésor de la langue française* : il apparaît dans la définition de *réouverture*, où on le donne comme synonyme de *rouvrir* ; ce qu'il faudrait étudier soigneusement, c'est pourquoi le préfixe se réalise tantôt par *r-* tantôt par *ré-* devant *ou* (*rouvrir* mais *réoublier*) et d'où peut venir *réouverture* si *réouvrir* n'est pas un verbe français.

Cette hâte à condamner sans vérifier les faits, n'est-ce pas là une conduite typiquement puriste ?

Quelques ouvrages illustrant le point de vue puriste

Aristide, *La Langue française dans tous ses débats*, Paris, François Bourin, 1989.

Broglie (de), G., *Le Français, pour qu'il vive*, Paris, Gallimard, 1986.

Capelovici, J., *Le Français sans fautes*, Paris, Acropole, 1990.

Cuvillier, H., *La Langue française expliquée. Causeries grammaticales*, Paris, Cuvillier-Morel, 1919-1929.

Dauzat, *Le Guide du bon usage : les mots, les formes grammaticales, la syntaxe*, Paris, Delagrave, 1954.

Deschanel, E., *Les Déformations de la langue française*, Paris, Calmann-Lévy, 1898.

Doppagne, A., *Trois Aspects du français contemporain*, Paris, Larousse, 1966.

Duché, J., *Mémoires de madame la langue française*, Paris, Olivier Orban, 1985.

Grandjouan, O., *Les Linguicides*, Paris, Didier, 1971.

Le Cornec, J., *Quand le français perd son latin*, Paris, Les Belles Lettres, 1981.

Le Gal, E., *Ne dites pas... Mais dites...*, Paris, Delagrave, 1924.

Martinon, P., *Comment on parle en français*, Paris, Larousse, 1927.

Moufflet, A., *Contre le massacre de la langue française*, Toulouse, Privat, 1931.

–, *Encore le massacre de la langue française*, Toulouse, Privat, 1935.

–, *Au secours de la langue française*, Toulouse, Privat, 1948.

Rigaud, A., « Après qu'il soit... », *Vie et Langage*, n° 215, Paris, Larousse, 1970.

Thévenot, J., *Hé, la France, ton français fout le camp*, Gembloux, Duculot, 1976.
Thomas, A. V., *Dictionnaire des difficultés de la langue française*, Paris, Larousse, 1956.
Vincent, C., *Le Péril de la langue française*, Paris, J. de Gigord, 1920.

III. La démarche du grammairien

L'objet que se donne le grammairien est la langue ; contrairement au puriste, qui pointe des usages au hasard des fautes rencontrées, sa perspective est globalisante : il propose des classements qui prétendent valoir pour l'ensemble des mots (rangés dans les noms, les verbes, les adjectifs, etc.), une énumération de toutes les fonctions susceptibles d'être assurées par eux (le nom peut être sujet, complément d'objet, attribut, etc.), un inventaire des différents cadres de phrase (interrogatif, impératif, etc.) ou de formes de propositions (indépendante, subordonnée, etc.). Cependant, par bien des côtés, sa démarche se rapproche de celle du puriste :

– sa description est largement fondée sur la grammaire latine ; par exemple, les verbes sont classés en groupes de conjugaison selon la terminaison de l'infinitif mais, en français, ce critère se révèle peu opératoire (*aller* ne se conjugue pas comme *chanter*) ; on continue à parler des degrés de signification de l'adjectif, mais le comparatif ou le superlatif n'ont plus d'existence morphologique ; on énumère, pour le complément circonstanciel de lieu, le lieu où l'on est, celui où l'on va, celui par où l'on passe, alors que (contrairement au latin où le mot prend chaque fois une forme différente) *Paris* reste *Paris* qu'on dise *Je suis à Paris, Je vais à Paris, Je passe par Paris* ;

– ses définitions ne sont pas homogènes : le plus souvent sémantiques (le nom désigne une personne ou une chose, le verbe une action ou un état ; on appelle « sujet » le mot qui désigne celui qui accomplit ou subit l'action exprimée par le verbe), elles peuvent toutefois aussi recourir au contexte (l'article introduit le nom, l'adverbe s'adjoint au verbe, à l'adjectif ou à un autre adverbe) ;

– ses critères de caractérisation ne sont pas eux-mêmes clairement définis : le verbe exprime l'action, mais qu'entend-on par « action » ? Faute d'une définition fournie par le grammairien, qui serait donc spécifique à son propos, le lecteur ne peut que recourir au sens qu'a ce mot dans la langue ordinaire ; mais les deux interprétations sont souvent incompatibles : des verbes comme *vouloir, craindre, entendre, recevoir* n'appartiennent pas à la catégorie des verbes d'état (*être, paraître, sembler*, etc.), mais peut-on pour autant parler d'« action » du sujet dans des phrases comme *L'enfant veut un gâteau, La porcelaine craint le froid, J'entends du bruit, Il a reçu une gifle* ?

– le grammairien n'applique pas toujours lui-même les critères avancés dans ses propres définitions. Dans une phrase comme :

Paul ouvre la porte avec la clé

le mot *Paul* désigne celui qui fait l'action, *la porte* l'objet qui subit cette action (se trouve modifié par elle) et *la clé* l'instrument qui permet cette action. Analyser *Paul* comme le sujet, *porte* comme le complément d'objet et *clé* comme complément circonstanciel de moyen est donc conforme à la définition qu'on s'est donnée. Mais dans une phrase telle que :

La porte ouvre avec la clé

la porte a toujours le même statut sémantique (celui d'un objet qui subit l'action exprimée par le verbe) et pourtant, on l'appellera « sujet » ; et de même dans :

La clé ouvre la porte

la clé désigne toujours l'instrument qui permet d'ouvrir la porte, or n'importe quel grammairien l'analysera comme le sujet de la phrase. L'analyse grammaticale ne se fonde donc pas en réalité sur le sens, quoique les définitions censées la justifier soient sémantiques ;

– malgré la volonté globalisante, la description est éparpillée ; voulez-vous savoir comment construire une phrase interrogative ? L'index vous renverra au chapitre de la ponctuation, à celui du sujet (qui peut être inversé), à celui du complément d'objet, de l'adjectif (pour l'adjectif interrogatif), du pronom, de l'adverbe, etc. De même, il faut quasiment parcourir toute la grammaire pour rassembler les informations concernant le passif : sujet, objet, compléments circonstanciels, verbe, conjugaisons, préposition...

– le grammairien ne s'intéresse qu'à un sous-ensemble privilégié de la langue : l'écrit soutenu, voire littéraire (comme le montre le choix des exemples qui illustrent les règles).

L'usage qui se pare des plumes de la règle

En somme, la description, malgré les apparences, relève, comme les prescriptions des puristes, d'une démarche initiatique (pour reprendre un terme de Milner), au sens où elle s'adresse à des initiés : il faut déjà connaître la langue et savoir la grammaire pour accéder aux règles qu'elle prétend transmettre. On reconnaît le sujet d'une phrase à ce qu'il répond à la question *Qui est-ce qui* posée devant le verbe ? Essayez sur *Je suis à Paris* ; le verbe est *suis*, la question donne donc :

> * Qui est-ce qui suis ?

Si tout le monde, même un élève de cours élémentaire, pose la question (correcte) :

> Qui est-ce qui est à Paris ?

et répond *moi* et non *je* (qui est bien le sujet de départ, dans *Je suis à Paris*), c'est que la langue est là, antérieurement à l'apprentissage de la « règle ».

Mais alors, à quoi sert la grammaire ? Pas à rendre compte du fonctionnement de la langue, puisque ses définitions sont approximatives, voire trompeuses : il me semble que l'on a là encore une somme de prétextes, c'est-à-dire d'énoncés présentés comme des règles de la langue mais dont l'objectif n'est que de maintenir la pérennité d'un usage ; si la stratégie diffère, la tactique est donc identique à celle des puristes – et l'objectif.

Définir l'imparfait comme un temps duratif et le passé simple comme un temps ponctuel ne permet pas de rendre compte de l'ensemble de leurs emplois, car, si tel était le cas, on ne pourrait pas dire :

> A 18 heures, la bombe explosait.
> Et ils s'aimèrent pendant des milliers d'années.

On assortit donc la « règle » – qui n'est l'écho que d'une seule valeur – de ses exceptions ; la description se présente ainsi non comme une explication générale permettant en retour de rendre compte de tous les emplois, mais comme une liste des emplois possibles : malgré les apparences, on n'est pas dans le domaine de la langue mais dans celui de l'usage. C'est donc par mystification qu'on invoque la « règle » – tout au plus un usage paré des plumes de la règle – pour qualifier de fautif un tour ou condamner une innovation.

L'exemple de la « règle » de l'indicatif avec *après que*

> C'est peu après la Première Guerre mondiale que l'emploi aberrant du subjonctif avec *après que* a commencé à se répandre, quand le français a subi son premier assaut de langue populaire ; mais ce n'est guère qu'après le second carnage, au moment de la grande crue du *pop'french*, que les chroniqueurs grammaticaux ont débusqué la bête et lâché les chiens. Mais il était déjà bien tard.
>
> Parmi les causes de cette déviation syntaxique figure au premier plan la contamination de *avant que*, qui se construit avec le subjonctif. Puisque *avant que* a droit à ce temps noble, raisonnent les tenants de la justice égalitaire, pourquoi *après que*, son pendant, en serait-il frustré ? [...] Dire que le subjonctif est commandé par la conjonction *que* fait perdre de vue la notion de doute introduite par ce mode. *Avant que* commande le subjonctif parce que l'action n'est pas encore réalisée et qu'elle demeure aléatoire ; mais *après que* ne peut suggérer aucune idée d'incertitude, puisque l'action est déjà accomplie. Employer alors le mode de l'éventualité est une absurdité manifeste (A. Rigaud).

Voilà qui est clair : le subjonctif est le mode du doute, tandis que l'indicatif est celui de la certitude. Quand on dit :

Paul est parti après le dîner de Luc

on est certain que le repas a eu lieu ; on ne doit donc pas écrire :

Paul est parti après que Luc ait dîné

Mais n'est-on pas tout aussi sûr en lisant :

Paul est parti avant le dîner de Luc

que le repas de Luc a bien eu lieu ? Dans ce cas, on devrait accepter :

Paul est parti avant que Luc a dîné

ce qui, non seulement est exclu, mais de surcroît ne donne pas lieu à des fautes – du moins, à lire les inventaires établis par les puristes, qui ne signalent pas ce type de déviance. On ne peut donc pas expliquer le subjonctif de cette manière : il faut se situer à l'intérieur de la phrase, et, au lieu d'adopter le point de vue du lecteur, examiner comment Paul peut, au moment de son départ, concevoir le dîner de Luc.

Quand Paul est parti, le repas de Luc n'avait pas eu lieu, donc Paul était dans l'incertitude : il ne pouvait être sûr que Luc dînerait effectivement ; on dira donc :

Paul est parti avant que Luc ait dîné.

Mais ne peut-on faire le même raisonnement dans le cas de *après que* ? La phrase :

Paul est parti après le dîner de Luc

n'implique pas nécessairement que Paul savait commencé, en cours ou achevé le dîner de Luc au moment où il est parti. Pourquoi dans ce cas l'emploi du subjonctif serait-il agrammatical ? Celui qui écrit la phrase certes sait, lui, que le départ de Paul est postérieur à la fin du repas de Luc, mais nous avons vu que ce n'est pas le point de vue, extérieur, de celui qui rapporte l'événement (ou en lit le récit), qui peut expliquer l'emploi du subjonctif après la conjonction *avant que*...

La règle dont se réclame André Rigaud ne permet pas davantage de justifier le jugement que les énoncés suivants sont tout à fait corrects :

> Je suppose / crois / devine / pense / soupçonne que Paul est coupable.

Ces verbes en effet sont suivis de l'indicatif, et pourtant la culpabilité de Paul n'est nullement avérée : celui qui parle n'introduit-il pas, au contraire, un doute prudent sur ce point ? (D'ailleurs, en langue classique, on trouve par exemple : *La plus belle des deux, je crois que ce soit l'autre*, Corneille.)

Et, en revanche, comment expliquer la présence, tout à fait grammaticale, du subjonctif dans les phrases suivantes :

> Je regrette / m'étonne que Paul soit coupable
> Je prendrai sa défense, bien que Paul soit coupable

alors qu'ici la culpabilité de Paul ne fait aucun doute, du point de vue même de celui qui les énonce ? (Et Molière a pu écrire : *Je fus étonné que, deux jours après, il me montra toute l'affaire exécutée.*)

D'où le soupçon : le subjonctif est-il correctement défini par les grammaires ? Et du même coup : son emploi avec *après que* est-il vraiment condamnable ? Comparons les deux phrases :

> J'espère que tu réussis ta vie
> Je souhaite que tu réussisses ta vie.

Le regard porté sur l'événement est-il exactement semblable selon que l'on dit *J'espère* ou *Je souhaite* ? Non : dire *Je souhaite* laisse entièrement et également possibles ta réussite et ta non-réussite ; en revanche, l'espoir repose sur une probabilité, une certitude, si minime soit-elle : quelque chose existe qui me permet d'espérer ; la balance n'est alors pas égale entre les deux possibilités, elle penche – ne serait-ce que très légèrement – en faveur de l'hypothèse de la réussite. Ce qui distingue, donc, les deux modes, c'est que le subjonctif pose à égalité les deux éventualités que l'événement se produise et ne se produise pas, tandis que l'indicatif l'établit comme probable ou certain. Dans :

> Je veux que Paul vienne

la venue de Paul est entièrement indéterminée, en ce sens qu'il existe autant de chances qu'il vienne que de chances qu'il ne vienne pas : *Je veux* ne permet pas de faire pencher la balance d'un côté ou de l'autre. En revanche :

> Je pense qu'il viendra

témoigne d'un choix en faveur de l'hypothèse positive : la venue est considérée comme probable. Et la certitude totale, qui exclut – toujours dans la pensée de celui qui parle – la possibilité que Paul ne vienne pas, est illustrée par des phrases comme :

> Je sais que Paul viendra.

Dans :

> Il est fâcheux que tu sois là
> Je m'étonne que tu sois là
> Je regrette que tu sois là

la subordonnée exprime un fait bien réel ; mais, pour porter un jugement, le locuteur doit se placer dans la situation (mentale) où les deux possibilités sont également envisageables : ce qui me permet de regretter ta présence, c'est d'imaginer ton absence et de comparer l'effet produit par ta présence et ton absence. De même, dans :

J'ai dîné bien que Paul m'ait quittée

la subordonnée s'oppose à la principale parce que l'on s'attend à ce que le départ de Paul me coupe l'appétit ; c'est-à-dire que, là encore, deux possibilités sont également envisagées (quoique l'on sache l'une démentie par les faits).

Toutefois, l'idée selon laquelle le subjonctif est le mode de l'événement envisagé comme ayant autant de chances de se produire que son contraire n'explique pas son usage de plus en plus fréquent avec *après que*. Une autre question que l'on peut alors se poser est : pourquoi la conjonction *après que*, seule, donne-t-elle lieu à cette « faute » ?

Si l'on regarde les autres conjonctions de temps, aucune autre dont la règle dit qu'elle doit être suivie de l'indicatif n'est employée avec le subjonctif (du moins ne l'ai-je pas vu signalé dans les recueils de « fautes ») ; on n'entend pas dire :

* Quand il soit parti... Dès qu'il soit parti...

En fait, les conjonctions sont regroupées sur un critère sémantique (selon qu'elles expriment la cause, le temps, le but, etc.), mais, dans chaque rubrique, elles n'ont pas pour autant les mêmes propriétés ; par exemple :

– *après que, avant que, dès que, pendant que* ont une préposition correspondante, mais non *quand, lorsque, tandis que, alors que...*

– *après, avant (de), pour, afin (de)* peuvent introduire un infinitif, mais non *dès, pendant...*

– *après que, avant que, alors que, depuis que* ont un adverbe correspondant, mais non *dès que, tandis que, jusqu'à ce que...*

Or *avant que* et *après que* sont les seules à réunir ces propriétés, et d'autres encore, comme celle de pouvoir être précisées par un adverbe de quantité :

> Il m'a parlé bien / peu avant / après que...

ou une expression temporelle :

> Il m'a parlé longtemps / un moment / deux jours / avant / après que...

Si le parallélisme entre *avant que* et *après que* est de la sorte bien établi, il reste à expliquer pourquoi c'est *après que* qui « s'aligne » sur *avant que*, s'employant de plus en plus avec le subjonctif, et non *avant que* sur *après que*.

Il semble que l'on puisse établir une relation entre le fait d'entraîner le subjonctif et celui d'être suivi de l'infinitif, alors qu'aucune conjonction suivie de l'indicatif ne connaît cette dernière propriété :

> Après être parti, avant de partir, pour partir, afin de partir...

mais non

> * Dès partir, pendant être parti...

Certes, du côté des conjonctions associées au subjonctif, la possibilité d'introduire un infinitif n'est pas systématique, mais il semble qu'il s'agisse là d'un domaine instable. Ainsi, *pourvu que* n'est pas en général décrit comme ayant la possibilité d'être suivi d'un infinitif ; pourtant, des phrases telles que :

> Les hommes sont contents pourvu d'avoir des femmes

ne paraissent pas inacceptables (sur le plan grammatical, naturellement). D'un autre côté, des conjonctions comme *bien que, quoique, encore que*, normalement suivies du subjonctif, se rencontrent associées à l'indicatif (au grand dam de grammairiens tels que A. Rigaud, bien que cet emploi soit constant dans l'ancienne langue et qu'on en trouve encore de nombreux exemples dans Pascal, Sévigné, Bossuet ou Vaugelas) :

> Je doute qu'on parvienne à la convaincre, encore que ce n'est pas impossible.

Il s'avère donc que *après que* entre dans une classe : celle des conjonctions parentes, morphologiquement, avec une préposition, un adverbe, susceptibles d'introduire un infinitif, et associées à une subordonnée au subjonctif : de ce point de vue, lorsqu'ils exigent qu'on emploie l'indicatif, les grammairiens font donc de *après que* une exception !

Pas plus que le puriste le grammairien ne semble réellement soucieux de rendre compte de la langue, d'essayer de découvrir, par une analyse minutieuse de données systématiques, la logique profonde qui préside à tous les emplois que l'on peut observer : on s'en tient à l'usage qui paraît le plus général (le subjonctif exprime le doute) et l'on énumère les exceptions en toute quiétude : leur existence ne met pas en péril la définition adoptée puisque « les exceptions confirment la règle » !

Notons d'ailleurs à propos de Rigaud quelques assertions qui frisent la mauvaise foi : selon lui, tous nos maux viendraient de ce que « le français a subi son premier assaut de langue populaire [...] peu après la Première Guerre mondiale ». La langue populaire n'existait-elle donc pas avant 1918 ? Le peuple était-il muet ou ne parlait-il pas populairement ? Il attribue ensuite au « *pop'french* » – on suppose qu'il s'agit d'emprunts à l'anglo-américain – l'emploi du subjonctif avec *après que* : voilà qui est étrange ! Les Français auraient poussé le vice jusqu'à prendre à la langue britannique un mode – le subjonctif – qui n'y subsiste plus que sous la forme de rares vestiges, et de toute façon ne concerne aucunement les conjonctions correspondantes, *before* (« avant ») et *after* (« après ») s'employant avec l'indicatif...

Il faut toutefois reconnaître à la décharge des grammairiens que la tâche est immense dès lors que la perspective est globalisante, et qu'en l'état actuel des connaissances sur la langue une grammaire ne peut en proposer une description complète, c'est-à-dire telle qu'il soit possible à partir d'elle d'expliquer tous les usages, qu'ils soient jugés corrects ou incorrects ; comme un dictionnaire, une grammaire est plutôt à considérer comme l'image de ce qu'une société à un moment donné sait sur la langue – savoir provisoire à partir duquel il est par conséquent abusif d'édicter des règles absolues ou de porter des jugements définitifs.

Or c'est là sans doute le reproche le plus grave que l'on peut adresser aux grammairiens : les descriptions ne sont jamais présentées pour ce qu'elles sont, de simples hypothèses, et donc, en tant que telles, sujettes à des modifications, voire à l'abandon. Ce n'en est pas moins à partir de considérations dont rien *a priori* ne garantit la validité que l'on parle de « fautes » : nous venons de le voir, l'emploi du subjonctif dans une proposition introduite par *après que* est condamné à partir d'une définition en réalité contestable du subjonctif et qui plus est sans se poser la question du statut de *après que* parmi les conjonctions – alors que c'est ce dernier qui permet d'avancer une explication sur l'évolution de la construction.

On, « pronom indéfini employé par les imbéciles »

Pourquoi l'emploi de *on* à la place de *nous* est-il condamné, et une phrase comme *Nous, on est d'accord* jugée populaire, voire vulgaire ? Pourquoi faudrait-il dire *Nous avons pris nos affaires et nous sommes partis* au lieu de *On a pris nos affaires et on est partis* ?

Pour répondre à ces questions, il faut commencer par définir *on* et *nous*. Le mot *on* pose d'emblée un problème : il vient de l'ancien français *om*, forme sujet issue elle-même du latin *homo*, « homme », dont est également dérivé *homme*, à partir de la forme accusative (c'est-à-dire complément d'objet), mais il ne connaît encore à l'heure actuelle que la fonction sujet. Certes, comme on vient de le voir, sa source est la forme du cas nominatif, mais ce n'est pas parce que *homme* vient du cas accusatif qu'il ne peut être employé que comme complément d'objet. De même, *pâtre* et *pasteur*, *chantre* et *chanteur*, *gars* et *garçon* ou *pute* et *putain* ont une source unique, l'un venant du nominatif, l'autre de l'accusatif, mais cela ne les empêche pas de pouvoir occuper l'un comme l'autre n'importe quelle fonction dans la phrase. L'étymologie ne peut donc être invoquée pour expliquer cette curieuse caractéristique.

On ***est-il un « pronom indéfini » ?***

Traditionnellement, *on* est rangé dans les pronoms indéfinis ; cependant, il n'en a pas les propriétés syntaxiques. Si l'on rassemble en effet tous les termes de cette classe qui, comme lui, réfèrent à des personnes : *autrui, je ne sais qui, n'importe qui, personne, quelqu'un, quiconque, qui que, tel, tout le monde*, on note qu'il est le seul à ne connaître que cette position de sujet et à permettre un accord du participe ou de l'adjectif au féminin ou au pluriel :

On est content / On est contents / On est contente / On est contentes

* Quelqu'un est contente
* Tout le monde est contents
* Personne n'est contentes.

En revanche, on peut le rapprocher des pronoms personnels *je, tu, il(s)*, puisqu'ils admettent et rejettent les mêmes positions :

On / il a frappé

mais non :

* J'ai vu il / on
* Elle vit avec il / on
* C'est il / on
* Il / on que personne ne connaît
* Il / on a-t-il frappé ?

à ceci près que les pronoms personnels ont des variantes morphologiques qui leur permettent, sous une autre forme, d'occuper d'autres fonctions :

Je le vois
Elle vit avec lui
C'est lui
Lui que personne ne connaît.

Nous et *vous* connaissent toutes les fonctions :

Je nous / vous vois
Elle vit avec nous / vous
C'est nous / vous
Nous / vous que personne ne connaît

Cependant, ils ont en commun avec *je, tu, on*, par opposition à *il(s)* / *elle(s)*, d'être indifféremment associés à un participe ou à un adjectif féminin ou masculin :

> Je suis content(e)
> Nous sommes content(e).

Ils s'opposent à *je, tu* mais se rapprochent de *on* en ce qu'ils admettent un accord au singulier aussi bien qu'au pluriel :

> Nous sommes content(s)
> Vous êtes contente(s).

On suppose un accord du verbe semblable à celui de *il* / *elle*. Ainsi a-t-il des points communs avec tous les pronoms personnels :

– il est uniquement sujet comme *je, tu, il* ;

– il permet l'accord du participe ou de l'adjectif de la même manière que *nous, vous* ;

– son verbe est de la troisième personne du singulier comme pour *il, elle*.

Donc, pour conclure, *on* est bien syntaxiquement un pronom personnel ; mais cela ne nous dit pas pourquoi, avec *je, tu, il*, il ne possède que la fonction sujet. Pour avancer une explication, on peut se servir des deux notions, traditionnelles, de « thème » et de « propos ».

Le statut particulier de je, tu, il, on

On distingue classiquement, dans une phrase, le thème (ce dont on parle) et le propos (ce que l'on dit du thème). Par exemple, dans :

> Paul écrit une lettre

je parle de Paul (le thème) dont je dis qu'il écrit une lettre (le propos). Ainsi énoncée, cette distinction est peu opératoire, car on pourrait aussi bien considérer qu'on parle d'une lettre, dont on dit que Paul l'écrit, auquel cas ce serait *une lettre* le thème et *Paul écrit* le propos. C'est pourquoi il nous faut des critères plus sûrs : les deux s'opposent syntaxiquement par leur comportement d'une part dans l'interrogation et d'autre part dans l'emphase. Cette phrase en effet peut être reliée à deux questions :

A. « Qui écrit une lettre ? – Paul (écrit une lettre). »

Une lettre est dans la question, on veut savoir quelque chose à son propos, c'est donc le thème de la réponse. On aurait pu répondre aussi *C'est Paul qui écrit une lettre*, mais non mettre *une lettre* en emphase :

« Qui écrit une lettre ? – C'est une lettre que Paul écrit. »

B. « Qu'écrit Paul ? – (Paul écrit) une lettre. »

Ici, c'est *Paul* qui est dans la question, qui donc constitue le thème de la réponse, dont *une lettre* est le propos. On aurait pu répondre aussi *C'est une lettre que Paul écrit*, mais non mettre *Paul* en emphase :

« Qu'écrit Paul ? – C'est Paul qui écrit une lettre. »

Le thème peut donc constituer la réponse d'une question mais non être mis en emphase par *c'est... que* ou *c'est... qui* ; or ce sont justement les caractéristiques de *je, tu, il, on* :

* C'est on qui a écrit une lettre.
* Qui a écrit une lettre ? – Tu.

Ainsi, *je, tu, il, on* ne peuvent être que le thème d'une proposition. Mais quelle est la fonction du thème ? Nous l'avons vu, c'est lui qui indique ce dont on va choisir de parler ; autrement dit, il établit ce que l'on peut appeler le cadre du discours, c'est-à-dire le point de vue à partir duquel on présente l'événement.

Donc, *je, tu, il, on* auraient un statut privilégié dans la langue : ils seraient les seuls à signaler, par leur morphologie même, qu'ils définissent le cadre du discours, l'endroit d'où part l'affirmation et qui permet de l'évaluer. (On disait en 1968 : « D'où tu parles, toi ? » c'est-à-dire « Qui es-tu pour prendre la parole ? Explicite le point de vue ! ».)

Il est remarquable à cet égard que les deux cas où *je, tu, il, on* puissent se trouver après le verbe soient celui des phrases en incise, dont le rôle est précisément d'affecter explicitement un discours à celui qui le produit :

> ... dis-je / as-tu déclaré / aurait-on affirmé

et celui des adverbes constituant un commentaire de l'affirmation avancée (hypothèse, incertitude, restriction, etc.) – donc aussi explicitant un point de vue :

> Peut-être ai-je tort
> Sans doute as-tu raison
> Du moins a-t-on fait ce qu'il fallait.

De fait, ainsi que l'a bien vu Émile Benveniste[1], qui toutefois ne parle pas de *on*, *je* et *tu* sont des termes tout à fait particuliers parce qu'ils nomment non la personne, mais le rôle de la personne dans le dialogue ; *je* et *tu* ne sont pas l'écho d'une organisation de l'expérience par la langue, mais celui d'une analyse des conditions de son propre fonctionnement : celui qui dit *je* se pose comme auteur de sa

1. Benveniste, Émile, *Problèmes de linguistique générale I*, Paris, Gallimard, 1966.

parole ; c'est le mot par lequel se désigne celui qui parle pour parler de lui-même, il n'a pas de référence en dehors de l'emploi qui en est fait ; si c'est Paul qui dit *Je pars*, alors c'est Paul qui part ; si c'est Marie qui dit *Je pars*, alors c'est Marie qui part.

Je est le mot par lequel celui qui parle assume explicitement son discours. Lorsqu'un enfant dit, en parlant de lui-même : *Paul veut un bonbon*, il ne se présente pas comme l'agent effectif de son acte de parole ; la troisième personne, nom ou pronom, est seulement objet de l'acte de parole.

De même, *tu* est éminemment subjectif puisqu'il n'a de référence que par rapport au *je* qui lui parle. Si je dis à Paul, *Tu pars*, alors c'est Paul qui part selon moi ; si je dis à Marie, *Tu pars*, alors c'est Marie qui part selon moi. Les deux mots *je* et *tu* sont liés, car *tu* n'est tel que par rapport au *je* qui lui dit *tu*, selon qui parle et selon qui écoute dans l'alternance de la parole dialogique.

La troisième personne est le tiers dont on parle, l'objet de la conversation de *je* et *tu* ; tandis que dire *tu*, c'est considérer l'autre comme un agent virtuel (puisque *tu* deviendra *je* lorsqu'il prendra à son tour la parole), dire *il*, même à une personne présente, c'est le poser comme objet, non susceptible de prendre part au dialogue (cf. *Alors, il avait bien dormi, le pépé ?* ou : *Oh ! qu'il est mignon le bébé à sa maman !*) – c'est pourquoi Benveniste parle de « non-personne » : même s'il désigne quelqu'un, *il* n'est pas une personne en tant qu'agent effectif (*je*) ou potentiel (*tu*) de discours.

Dans le trio *je, tu, il*, *il* est le seul à connaître un rôle pronominal, c'est-à-dire à pouvoir représenter un substantif :

Paul pleure parce qu'il (= Paul) est tombé.

Il est moins thème que relais du thème : il représente le thème dans la suite du discours.

Ainsi *je* et *tu* sont-ils les seuls mots qui renferment leur propre identité (celle de *tu* étant attribuée par *je* qui parle) ; d'ailleurs, un questionnement sur cette identité serait incongru :

> ? « Je pars. – Qui ça ? »
> ? « Tu pars. – Qui ça ? »

alors que sont très plausibles :

> « Il part. – Qui ça ?
> « Quelqu'un part. – Qui ça ? »

sauf bien entendu s'il ne s'agit pas d'une véritable interrogation (par exemple, demander *Qui ça ?* après une affirmation comme *Je pars* suppose, soit qu'on n'a pas entendu ou compris le mot *je*, soit que l'on conteste le départ lui-même d'une manière détournée – « Ose répéter cela : pourquoi serait-ce justement toi ? »).

De même, *je* et *tu* ne peuvent être associés à une apposition explicitant cette identité (comme dans *le poète Verlaine*), ni à un modificateur précisant la référence possible (comme dans *le garçon blond, quelqu'un de Paris, le poète qui vient de mourir*). Or *on* présente les mêmes propriétés ; une question telle que :

> ? « On part. – Qui ça ? »

est inappropriée, sauf incompréhension, ironie, contestation implicite, volonté de forcer dans ses retranchements celui qui parle, etc. Et, parallèlement à *nous autres, nous-mêmes, nous tous, nous les hommes, nous deux*, on n'a pas * *on autre(s)*, * *on-même(s)*, etc.

Toutefois, une différence distingue *je, tu* de *on* : c'est que les premiers permettent une reprise pronominale. Par exemple :

> Si je suis sage, grand-mère me conduira au cinéma
> Si tu es sage, grand-mère te conduira au cinéma
> Si Paul est sage, grand-mère le conduira au cinéma.

Dans la deuxième proposition de chaque phrase, *me* reprend *je*, *te* reprend *tu* comme *le* reprend *Paul*. Mais les formes compléments associées à *on* – *se* et *soi* – ne sont pas pronominales ; on ne peut pas dire :

> Si on est sage, grand-mère se conduira au cinéma

(où *se* reprend *on*).

Or quelle est la fonction de cette pronominalisation ? Elle représente dans la deuxième proposition le cadre discursif établi dans la première ; quand on dit :

> Si Paul est sage, grand-mère le conduira au cinéma

le ne représente pas *Paul* seulement, car celui que grand-mère conduira éventuellement au cinéma, c'est Paul ayant été sage. Autrement dit, la séquence *Si Paul est sage* établit un cadre discursif (dans lequel est vraie la proposition *Grand-mère le conduira au cinéma*) qui est repris, emboîté dans la suite (ce dont *le* est la trace). Mais pour *on*, il n'y a que *on* à pouvoir parler de lui-même : *se* et *soi* ne peuvent être que réfléchis.

Le fait que *on* ne tolère pas de reprise pronominale permet d'avancer l'hypothèse que son rôle est d'installer un point de vue, mais un point de vue nécessairement dominant ; il est donc le thème par excellence.

La spécificité de **on**

On a ainsi une explication de la spécificité de *je, tu, on* : les travaux de Benveniste ont montré que *je* et *tu* avaient un statut particulier dans la langue, indiquant dans une situation de parole qui parle et à qui en délimitant l'espace discursif de cet acte de parole ; *on* a les mêmes propriétés, mais il est en quelque sorte unique, n'acceptant ni variantes morphologiques (permettant des fonctions autres que celle de sujet), ni reprise pronominale : pourquoi ? Quel type de cadre de discours définit-il donc ?

L'hypothèse peut être avancée qu'il s'agit tout simplement du point de vue fondateur de tout acte de parole, celui de l'humanité elle-même, source unique et obligée de toute communication linguistique – hypothèse conforme au sens étymologique. D'où la prédilection de *on* pour les proverbes, morales ou aphorismes, vérités issues de l'expérience de l'espèce humaine et valant pour tout être lui appartenant :

> Comme on fait son lit, on se couche
> On ne fait pas toujours ce qu'on veut
> On n'a pas tous les jours vingt ans

mais aussi pour les emplois qu'on pourrait dire impersonnels, c'est-à-dire où *on* est un simple support grammatical, de valeur sémantique quasiment nulle (marquant simplement que de l'humain est concerné) :

> Ici, on parle anglais (cf. *English spoken*)
> On dirait un rat (cf. Cela ressemble à un rat).

De même, dans les indications scéniques, la formulation *On entend sonner* alterne-t-elle avec *Sonnette* dans *La Can-*

tatrice chauve (Ionesco) ; et lira-t-on aussi bien dans les lieux publics : *On est prié de ne pas fumer* et *Prière de ne pas fumer*, ou dans les posologies ou recettes de cuisine : *On prendra une livre de beurre* et *Prendre une livre de beurre*, ou dans un énoncé mathématique : *On considère un triangle ABC* et *Soit le triangle ABC*.

On peut reprendre à Gérard Moignet[1] la notion de « personne d'univers » telle qu'il la définit à propos du *il* impersonnel (*il pleut, il faut du temps*) – sa définition convenant, même, mieux à *on*, qui renvoie nécessairement à de l'humain, qu'au *il* impersonnel, qui désignerait plutôt la parcelle la plus neutre de la réalité :

> *Il* représente purement et simplement le support spatial nécessaire à l'évocation de tout phénomène s'inscrivant dans le temps. [... On peut voir] en lui le signe de la « personne d'univers », l'univers étant le lieu inévitable où se situe toute espèce de phénomène, et tout phénomène étant une parcelle d'univers. La personne d'univers est primordiale, fondamentale, et toute espèce de personne n'intervient que par substitution à celle-ci.

Avec *on*, cette dernière affirmation est clairement vérifiée ; en effet, *on* peut renvoyer aussi bien à *je* qu'à *tu* :

> Dans ce chapitre, on démontrera que... (on = je)
> Alors, tu viens ? – On arrive ! (on = je)
> Bonjour ! on a bien dormi ? (on = tu)
> Alors, on ne salue plus ? (on = tu)

qu'à une tierce personne dont l'identité est explicite :

> *(Une mère, parlant de sa fille :)* On se lève à dix heures, on passe son temps au téléphone, on sort avec les copains... Et le travail, dans tout ça, veux-tu me dire ?

1. Moignet, Gérard, *Systématique de la langue française*, Paris, Klincksieck, 1981.

ou inconnue, ou évidente, ou de peu d'importance – à moins qu'on ne tienne pas à la spécifier :

> On te demande au téléphone
> On va couper l'eau
> On n'envoie pas sans risque 600 000 hommes dans le Golfe (*Libération*, janvier 1991).

On serait alors la personne première de l'univers humain. Il est le moyen par lequel celui qui parle se masque, se fond dans une masse plus ou moins vaste, indéfinie ; *on* établit le cadre d'un discours anonyme, dont la validité est présentée comme valant relativement à une communauté. Si *je* est clairement de l'ordre du subjectif, donc de la croyance, *on* est de l'ordre de l'objectif, donc du savoir : employer *on*, c'est établir la société humaine tout entière comme agent du discours, c'est rendre universelle la portée de sa parole.

On *et* nous

Si la relation entre *nous* et *on* est privilégiée puisque tous deux intègrent le *je*, par opposition à *vous, ils*, ils ne sont pas totalement interchangeables, synonymes : *nous* définit un ensemble qui s'oppose au *non-nous*, tandis que *on* n'exclut personne, du fait de sa définition totalisante. Lorsque le président du club commente une victoire de l'Olympique de Marseille en disant *Nous avons gagné*, ou annonce *Nous allons gagner*, quoiqu'il ne joue point concrètement le match, il s'intègre (par le discours) à l'équipe, conçue comme une entité distincte d'autrui (interlocuteur, spectateurs, voire dirigeants de fédération, etc.). En revanche, quand les supporters scandent *On a ga-gné ! On a ga-gné !*, le *on* englobe toute personne susceptible de se sentir concernée (la ville de Marseille, la Provence, voire l'ensemble des Français si la partie se jouait contre une équipe étrangère).

On peut expliquer de la même manière les slogans, pendant la guerre de 1914-1918, destinés aux civils, comme *Nous saurons nous en priver*, sur une affiche montrant trois enfants devant une pâtisserie, et le fameux *On les aura !*, encouragement destiné, lui, à tous les Français.

Ainsi *on* n'est-il pas exclusif, contrairement à *nous*, ce qui fait qu'il n'est pas aussi étroitement lié à la situation de parole. On dira aussi bien (discours direct) :

> On est le 30 mai
> Nous sommes le 30 mai

mais seulement (discours indirect) :

> Il songea qu'on était le 30 mai.

De même, *on* permet une interprétation générique là où *nous* la rendrait impossible ; ainsi *être ventripotent* ou *avoir de la brioche* ne se dit que des hommes, tandis que *avoir ses règles* ou *avoir une belle poitrine* ne se dit que des femmes ; de fait, le nom *homme*, qui a le sens générique par exemple dans *L'homme est un animal raisonnable*, ne l'a plus dans :

> A 50 ans, l'homme est ventripotent

et serait inacceptable dans une phrase telle que

> Dans le Midi, l'homme a une belle poitrine.

Or on constate de même que, avec *nous*, ces phrases ne peuvent pas être comprises de manière générique :

> A 50 ans, nous sommes ventripotents / nous n'avons plus de règles
> Dans le Midi, nous avons une belle poitrine

tandis qu'avec *on*, au contraire, elles dénotent bien une propriété présentée comme concernant l'espèce humaine :

> A 50 ans, on est ventripotent / on n'a plus ses règles
> Dans le Midi, on a une belle poitrine.

Mais si *on* et *nous* sont distincts, comment expliquer la construction *nous, on* ? On peut faire l'hypothèse, en fonction de ce qui précède, que *on* est une sorte d'atténuation de *nous*, trop brutal précisément parce que exclusif : *on* est plus convivial, n'excluant personne ; on pourrait le dire « démocratique », « égalitaire » ; *on* englobe tout le monde et reflète une évolution de la société vers l'idéal républicain, qui s'oppose au *nous* élitiste et individualiste (renvoyant à moi et à ceux seulement qui sont comme moi). Lorsque Michel Pezet, après sa défaite aux élections municipales de Marseille en 1989, conclut : « J'ai mené une bataille. On l'a perdue », il marque que cet échec ne le concerne pas seul ni n'affecte uniquement le parti socialiste, mais a des incidences dommageables pour l'ensemble des Marseillais, voire des Français.

L'emploi de **on** *à la place de* **nous** *est-il condamnable ?*

S'il est admis que *on* puisse prendre la place de *je, tu, il(s), vous*, pourquoi condamner spécialement sa substitution à *nous* dans des phrases comme *On est d'accord*, alors que c'est justement son emploi le plus courant, le moins marqué stylistiquement ? Notons d'abord sa moindre ambiguïté par rapport à *nous* ; A. V. Thomas préconise de dire, à la place de *On a apporté nos affaires pour jouer* :

> On a apporté ses affaires pour jouer

mais cette dernière phrase est équivoque, *ses* pouvant renvoyer à une tierce personne (auquel cas on aurait apporté les affaires de Paul, par exemple). Et le renforcement :

Nous, on a apporté nos affaires pour jouer

permet de désambiguïser le simple *On a apporté nos affaires*, où *on* pourrait désigner quelqu'un d'autre que *nous*. Cet effort de précision ne devrait-il pas satisfaire les puristes épris de clarté ?

D'ailleurs, *on* employé avec le sens « nous » n'est pas une nouveauté : le *Trésor de la langue française* le date du XVe siècle ; pour le *Grand Larousse de la langue française*, la source en est, tenez-vous bien, Racine en 1664, y songez-vous, le grand Racine ! De fait, Littré en relève plus d'un exemple extrait, comme on dit, des meilleurs auteurs du XVIIe siècle : Bossuet, Molière, Corneille... Quant à Alain Rey, dans son *Dictionnaire historique de la langue française* (1992), il considère que les valeurs de *on* sont toutes pour l'essentiel fixées dès le XIIIe siècle.

Aucun des arguments généralement avancés pour rejeter telle ou telle structure jugée « populaire », voire « vulgaire », ne paraît tenable.

Étymologiquement, *on* renvoie à l'espèce humaine, ce qui n'est certes pas le cas lorsque *on* est mis pour *nous* :

Ce soir, on va au cinéma.

Mais cela ne l'est pas non plus lorsque *on* est mis pour *je*, *tu*, etc., emplois non seulement non condamnés, mais valorisés sous couvert d'effet stylistique (« modestie », « affectivité », etc.).

Caractéristiques d'un parler « relâché », ce pourraient alors être la simplification de la conjugaison et l'allégement de la phrase entraînés par l'emploi de *on* qui porteraient atteinte à l'intégrité de la langue. Nul doute en effet que :

> On se téléphone et on se fait une petite bouffe

soit plus concis que :

> Nous nous téléphonons et nous nous faisons une petite bouffe

alourdi par la répétition des *nous* et la redondance de la terminaison verbale par rapport à ce pronom. Mais on dit bien :

> Vous vous téléphonerez et vous vous ferez une petite bouffe

qui présente les mêmes caractéristiques, et rien n'est venu à ce jour remplacer ce *vous* encombrant. Ce n'est donc pas ce type de raison qui peut expliquer pourquoi *nous* est remplacé par *on*.

La coupable négligence serait-elle alors dans le fait d'associer des personnes différentes (*nous* : première personne, *on* : troisième personne) ? Mais n'est-ce pas le cas de la plupart des appositions ? Certes serait agrammatical, lorsque *on* est employé pour *je, tu, vous*, etc. :

> * Moi, on démontrera que...
> * Toi, on a bien dormi
> * Vous, on est mal réveillée

mais, de fait, de telles associations ne sont jamais réalisées, même dans les conversations les plus « relâchées » ; la langue permet donc *nous, on*, et ce n'est d'ailleurs pas le seul cas où une apposition n'est pas de même personne que le sujet :

> Tous, nous avons répondu que non

(*tous* est de la troisième personne : *tous ont répondu que non*), ou :

> Les hommes, vous êtes tous les mêmes !

La « faute » vient-elle de ce que *on*, qui a de multiples valeurs, serait ambigu et donc son emploi contraire au « génie » de la langue, outil par excellence de la clarté et de la précision dans l'expression de la pensée ? Admettons que ce soit pertinent pour rejeter des phrases comme :

> On doit pardonner le mal qu'on nous a fait

qui, quoique parfaitement interprétables, comportent deux *on* qui n'ont pas le même sens. Mais y a-t-il vraiment équivoque dans :

> Ce soir, on va au cinéma ?

De plus, *nous* n'est pas non plus univoque, pouvant lui aussi être employé pour *je* :

> Dans ce chapitre, nous montrerons que...

pour *tu* :

> Bonjour ! Nous avons bien dormi, aujourd'hui ?

pour *il* ou *elle* :

> *(Un mari, parlant de sa femme à un tiers :)* Pardonnez-lui : nous sommes de mauvaise humeur, ce matin !

pour *vous* :

> Comment, vous n'y arrivez pas... Allons, nous faisons un petit effort !

pour l'espèce humaine :

> Ce que c'est que de nous ! Nous sommes bien peu de chose !

voire en guise d'impersonnel :

Aujourd'hui, nous sommes jeudi (cf. C'est jeudi)
Nous devons penser aux autres (cf. Il faut penser aux autres).

Ces emplois exactement parallèles illustrent la relation privilégiée qu'entretiennent les deux pronoms, et expliquent que c'est à *nous* que *on* tend à se substituer constamment, et non aux autres personnes (pour lesquelles le remplacement par *on* reste très marqué ou littéraire).

Serait-ce alors l'inutilité de cette substitution qui justifierait sa condamnation, *on* ne conférant à la phrase aucune valeur particulière ? Mais deux énoncés comme :

Ce soir, nous allons au cinéma
Ce soir, on va au cinéma

ne sont pas équivalents, ainsi qu'on l'a montré plus haut. Le cadre du discours n'est pas le même : dans le premier cas, on a un repère clair, assumé par le *je* compris par définition dans le *nous* qui forme un groupe bien délimité et exclusif ; dans le second au contraire, un retrait du *je* fondu dans une collectivité plus ou moins abstraite, « désubstantialisation » définissant la postmodernité selon Gilles Lipovetsky[1]. La prolifération de *on* témoignerait alors d'une évolution des mentalités, d'un changement dans la conception que l'individu se fait du monde et de sa place dans le monde. Et il est vrai que les anciennes générations emploient beaucoup plus le *nous* et ont essayé de contraindre leurs enfants à éviter le *on*, pronom « malhonnête » : « *On*, ce n'est pas poli » se sont entendu répéter quelques-uns ; « *On*, je ne sais pas qui c'est », disaient les

1. *L'Ère du vide*, Paris, Gallimard, 1983.

instituteurs[1] ; et dans telles familles plus prosaïques : « *On* est un con » – ce qui montre bien que le tour peut être condamné dans les milieux populaires eux-mêmes.

Alors peut surgir un dernier argument justifiant la condamnation de l'emploi de *on* à la place de *nous* : il serait le signe du déclin de notre société, où l'individu ne se prend plus en charge, ne se définit plus par son appartenance à un groupe défini, et, coupable lâcheté, se réfugie dans la masse, ainsi n'assumant plus ses responsabilités... Mais il devient alors très difficile de continuer à louer la pure langue du XVIIe siècle, associée au prestige d'une culture à l'apogée et d'une suprématie politique rayonnant par tout l'univers, puisque c'est à cette époque que l'on fait remonter l'emploi du *on* de modestie détrônant l'expression d'un « *moi* haïssable » !

« Aïe, je m'ai trompé(e) ! »

Une publicité récente, pour les saucisses sèches Justin Bridoux, met en scène une femme d'un certain âge qui conclut ses tentatives malheureuses d'articuler plusieurs *s* et *ch* à la suite par un « Aïe, je m'ai trompé(e) ! » – où le *r* est roulé. Naturellement, conjuguer le verbe pronominal *se tromper* avec l'auxiliaire *avoir* est une faute : on doit dire *je me suis trompé(e)*, et il en va de même pour *j'ai sorti, j'ai tombé, j'aurais pas venu (si j'aurais su, j'aurais pas venu)* ou *il a mouru*. Mais d'où vient cette faute ?

1. Aristide cite dans ses « Divertissements grammaticaux » (*Le Figaro littéraire*, mai 1991) les propos d'un de ses lecteurs qui qualifie de « stress auditif la disparition de *nous* au profit du *on* », que l'institutrice de sa mère, en 1910, « définissait : pronom indéfini employé par les imbéciles ».

La première raison que l'on pourrait avancer – en dehors de l'ignorance d'une paysanne, du relâchement de la parlure populaire, ou de la dégénérescence galopante de la société contemporaine, qui ne date toutefois pas d'aujourd'hui puisque le verbe *avoir* comme auxiliaire apparaît en latin, distinguant déjà cette langue de sa source indo-européenne –, la première raison donc serait que l'auxiliaire *être* est beaucoup moins courant que l'auxiliaire *avoir*, ne touchant qu'environ 0,3 % des dix mille verbes que compte le français si l'on en croit *L'Art de conjuguer* de Bescherelle (Paris, Hatier, 1980). Ce même dictionnaire enregistre moins de 0,6 % de verbes qui pourraient se conjuguer avec *être* ou *avoir*, comme *accoucher* :

> Elle a accouché cette nuit.
> Elle est accouchée cette nuit.

Mais tous les verbes pronominaux demandent *être*, il est donc difficile de penser que c'est par analogie qu'on les construit avec l'auxiliaire *avoir*. La question est de savoir pourquoi *être* est tellement minoritaire, et pourquoi il peut tendre à la régression aussi avec les verbes pronominaux dans certaines parlures contemporaines (car *avoir* était courant en ancien français avec les verbes pronominaux).

Parmi les verbes qui ne se conjuguent qu'avec *être*, on a des termes courants tels que *arriver, partir, venir, mourir, naître* ; les formes composées ainsi obtenues sont ambiguës, car la suite *être* + participe passé peut s'interpréter aussi bien comme une « action » que comme un « état » – le résultat de cette action. Ainsi, *est sortie* n'a pas le même sens dans :

> La marquise est sortie à cinq heures

qui décrit un certain événement : *Qu'a-t-elle fait à cinq heures ? Elle est sortie* ; et dans :

> Madame est sortie

qui équivaut à *Madame est absente*, et où le participe passé a un statut adjectival : ici, la question *Qu'a fait Madame ?* change le sens (nous renvoyant à l'action). De même, la phrase :

> Monsieur est mort

peut être le constat d'un décès qui vient de se produire : *Monsieur est mort à l'aube, d'une attaque foudroyante*, ou *Monsieur est mort tout doucement, en prononçant le nom de Madame* ; ou bien décrire une situation, un état : *Monsieur est mort depuis dix ans.*

Or cette ambiguïté disparaît avec les verbes qui admettent les deux auxiliaires, *avoir* étant alors réservé à l'action, et *être* au résultat. Ainsi, on dira

> Mon pneu a crevé sur l'autoroute

mais non pas :

> * Mon pneu est crevé sur l'autoroute.

Avec *être*, on ne peut que constater un état :

> Mon pneu est crevé.

Comparons de même :

> La péniche a échoué vers deux heures
> * La péniche est échouée vers deux heures
> La péniche est échouée.

Il y a donc une sorte de répartition des tâches entre les deux auxiliaires, d'ailleurs reconnue par les grammairiens, qui expliquent la nuance de sens de cette façon, dans des cas tels que :

Elle a changé / Elle est changée
Elle a disparu / Elle est disparue
Elle a accouché / Elle est accouchée.

Ce système qui caractérise les verbes à deux auxiliaires est donc étendu à ceux qui ne se conjuguent en principe qu'avec *être* par les personnes qui disent *J'ai tombé* ou *J'aurais pas venu*, formes non ambiguës pour exprimer l'action, *Je suis tombé* ou *Madame est sortie* étant de ce fait réservés à l'état. On ne devrait que louer cet effort qui, quoique populaire, va dans le sens de la clarté de la langue...

Contrairement à ce que pourrait laisser penser le terme d'« auxiliaire » qui leur est dévolu, *avoir* et *être* ont donc un sens : ils ne supposent pas le même rapport du sujet au verbe, qui se remarque morphologiquement par la différence d'accord : avec *être*, le sujet est inscrit dans la forme même du verbe, et, sémantiquement, il en est indissociable – c'est bien lui qui se trouve dans un certain état, il est défini en tant qu'il est dans cet état. Avec *avoir* en revanche, le sujet reste extérieur (le participe passé ne s'accorde pas avec lui), comme un témoin, un spectateur du procès qui se déroule devant lui. Ce que signifie donc une phrase telle que *Je me suis trompée*, c'est un lien nécessaire entre *je* et l'erreur : le sujet est littéralement *dans* l'erreur (le participe passé en porte la marque). Ceux qui disent *Je m'ai trompé* reconnaissent l'erreur, en portent témoignage, mais ne veulent pas être assimilés à elle : on constate l'« action », mais on refuse l'« état » ; le sujet ne se définit plus en tant qu'il a commis cette erreur.

Ces explications peuvent paraître bien subtiles, et, pourtant, tous les grammairiens admettent l'existence d'un auxiliaire *avoir* sous le verbe pronominal puisque c'est par lui qu'ils expliquent les règles d'accord... Rappelez-vous ; dans :

Marie s'est blessée

le participe passé s'accorde parce que *se* est complément d'objet direct : *« Marie a blessé elle. »* Soit, mais *se* ne peut pas être l'objet d'un verbe conjugué avec *être*, ce que montre d'ailleurs la recette consistant à rétablir *« Marie a blessé elle »* : aucun autre pronom ne peut apparaître à la place de *se*, qui n'est pas non plus équivalent à un groupe nominal :

* Marie l' / les est blessé(e)(s)
* Marie est blessé(e) Paulette.

Et pour expliquer que le participe passé ne s'accorde pas dans une phrase comme :

Marie s'est coupé les cheveux,

on dira de même que le complément direct est *les cheveux*, *se* étant indirect : *« Marie a coupé les cheveux à elle »*, et donc n'entraînant aucune marque sur le verbe. Les grammairiens admettent donc implicitement la transitivité des verbes pronominaux, c'est-à-dire le fait que ces derniers mettent en relation un sujet et un objet ; or le cas est extraordinaire, puisque aucun verbe transitif ne se conjugue avec l'auxiliaire *être* ! Une phrase telle que *Je m'ai trompé* ne fait que vérifier cette analyse, en même temps qu'elle témoigne que la longue évolution commencée avec le latin continue.

Là encore, l'analyse minutieuse des faits permet non seulement d'expliquer l'usage mais encore de relativiser la condamnation dont il peut être l'objet : il y a certes un écart par rapport à la norme en vigueur mais il devient difficile de parler de « faute » !

Avoir la haute main sur l'emploi des formes et détenir le secret des sens sont les marques d'un grand pouvoir ; les tyrans ne s'y trompent pas, dont le rêve est d'imposer à tous une langue qui pérenniserait leur propre vision du monde : « On raconte que le Conducator aurait voulu supprimer l'adjectif "impossible" du vocabulaire roumain [...] l'emploi de "palais", "couvent" ou "grève" est déconseillé. Un "empereur" ne peut être figuré que positivement » (*Libération*, 18 mai 1989). Quant à Kim-Il-Sung, le Grand Leader bien-aimé de la Corée du Nord, il a fait interdire dans les dictionnaires « les mots qui connotent l'ancien régime, et ceux qui renvoient à des notions éthiques ou religieuses, le tabou lexicographique frappant aussi au passage les équivalents coréens de "mendiant", "viol", "oppression", "pauvreté", "maladie incurable", etc. », pertes compensées par ses propres créations : « quelque deux cent treize formes et expressions à haute teneur politique et morale, citations du même Kim-Il-Sung à l'appui » (Catherine Kerbrat-Orecchioni, *Les Interactions verbales*, Paris, Armand Colin, 1992, p. 93).

Il me semble que l'édiction de « règles » dont le fondement n'est pas toujours justifié ni la vérification, non plus, systématique, relève du même principe (de manière inconsciente) : il ne fait aucun doute que le grammairien est passionné par son domaine et cherche à transmettre un patrimoine ; c'est son devoir, son idéal, la tâche à laquelle il se consacre tout entier et sans répit. Mais tout homme a son *ego*, une image qu'il se fait de lui-même ou qu'il veut atteindre et en tout cas voir reconnaître et respecter : le grammairien ne perdrait-il pas son pouvoir s'il parvenait effectivement aux fins qu'il se donne explicitement, si tout le monde maîtrisait parfaitement et en toutes circonstances la langue orale et écrite ? Pour sauvegarder son identité – il est seul détenteur d'un savoir – et le prestige à elle attaché, avec toutes les satisfactions narcissiques que cela implique, ne lui faut-il pas prendre garde à préserver son irremplaçabilité[1] : de larges zones d'ombre ou d'arbitraire où seule sa parole fera autorité ? Il ne s'agit pas là d'un machiavélisme qui lui serait propre, mais au contraire d'un comportement très banal et universel : chacun a un territoire dont il est jaloux et une face qu'il n'aime pas perdre.

Cela dit, l'objet du grammairien est immense et mouvant, et il n'a pour l'explorer aucun outil objectif : microscope, lunette... A chaque instant, les conclusions sont provisoires, parce que l'on n'est jamais sûr d'avoir embrassé toutes les données : André Chervel, dans son *Histoire de la grammaire scolaire* (Paris, Payot, 1977), montre d'ailleurs comment, d'époque en époque, les notions furent progressivement modifiées et affinées pour faire face à de nouveaux phénomènes qui surgissaient, dont on n'avait pas eu conscience d'emblée. Ce que l'on peut alors reprocher aux grammairiens, c'est de présenter les « règles » comme des vérités et non comme des hypothèses – toujours susceptibles d'amendements, voire d'abandon – et de qualifier de « faute » ou d'exclure (« Ce n'est pas français ! ») ce qui n'est peut-être qu'un écart tout relatif, n'étant repérable que par référence à

1. Oui, madame, c'est français, enregistré dans le *Trésor de la langue française* !

une règle dont rien ne garantit qu'elle en soit vraiment une.

Ramener la langue au « bon » usage, c'est comme si l'on cherchait à décrire et à évaluer tous les comportements à partir du seul critère de la politesse, le « Ne faites pas..., faites...[1] » étant ici parallèle au « Ne dites pas..., dites...[2] » là : il est certain qu'à ce compte non seulement bon nombre de conduites ne seraient pas explicables (manger, éternuer... la politesse n'est pas dans la Nature), mais que de surcroît en seraient jugées « fautives » (déplacées ou incorrectes) qui n'en sont pas moins justifiées dans leur domaine ; on peut sans courtoisie agir très bien ou avoir le geste qu'il faut au moment où il le faut, comme très mal agir ou réagir à contretemps avec tout le tact voulu, et la politesse elle-même n'est-elle pas hors de propos, voire néfaste, dans certains cas (l'humoriste Guy Bedos se demande ainsi si Anne Franck aurait dû se préoccuper de politesse, mise aux prises avec Hitler dans un débat télévisé) ?

En ce domaine aussi est de mode la déploration que la politesse disparaît : *L'Événement du jeudi* fait le 13 février 1992 sa une de l'interrogation « Mais qu'est devenue la politesse ? » et deux articles de Denis Slakta dans *Le Monde* établissent le désolant inventaire des actuels « lieux d'impolitesse » – du métro au supermarché en passant par les embouteillages (« La politesse de la grammaire », 6 mars 1992, et « Grammaire de la politesse », 3 avril 1992) – , l'ouvrage de Renaud Camus, *Notes sur les manières du temps*

1. Il existe un manuel de savoir-vivre britannique intitulé *Don't* (Censor, Londres, Pryor Publications, 1982).

2. Le bon usage de la langue est souvent dans les traités de savoir-vivre assimilé aux bonnes manières : « *(Au téléphone)* Ne dites pas *C'est pour quoi ?* mais *C'est à quel sujet ?* » (C. Bizouard, *Téléphoner-accueillir*, Lyon, Chronique sociale, 1982).

(Paris, POL, 1985), les ayant précédés dans cette voie.

Pourtant, la politesse n'est pas morte (pas plus que le français) : elle n'a pas disparu, elle a changé – de hiérarchique, elle est devenue égalitaire, « conviviale » (le succès récent du terme *convivialité* étant un indice, selon Slakta, de ce renouveau) ; le souci n'est plus de savoir comment s'adresser à un « inférieur », à un égal ou un « supérieur » – rites minutieux décrits par les manuels de savoir-vivre destinés aux gens du monde ou des salons –, mais de vivre en harmonie avec tout le monde : la politesse est le corrélat de l'égalitarisme qui définit nos actuelles sociétés démocratiques. Le mot *merci* est toujours là, comme *s'il te plaît* ou *s'il vous plaît*, et les formules de souhait se multiplient – parfois même de manière embarrassante :

> « Eh bien je vous remercie beaucoup...
> – Mais de rien, c'est moi...
> – Oh, mais non, c'est moi ! Au revoir, et merci encore !
> – Je vous en prie... » (etc.)

Ou encore :

> « Alors, au revoir, et bonne fin de semaine !
> – Merci, bonne journée à vous aussi !
> – C'est gentil ! A bientôt, et passez une bonne soirée ! » (etc.)

Dans ce domaine aussi, avant de nous hâter de condamner, regardons-y de plus près : c'est effectivement un certain type de politesse, lié à une structure sociale donnée, qui disparaît avec elle. On peut regretter la fin de l'élite aristocratique et de ses modes de vie, n'en concluons pas pour autant que tout a sombré avec elle.

Quelques grammairiens

Cohen, M., *Regards sur la langue française*, Paris, Éditions sociales, 1950.
–, *Nouveaux Regards sur la langue française*, Paris, Éditions sociales, 1963.
–, *Encore des regards sur la langue française*, Paris, Éditions sociales, 1966.
–, *Toujours des regards sur la langue française*, Paris, Éditions sociales, 1970.
Georgin, R., *Pour un meilleur français*, Paris, A. Bonne, 1952.
–, *Le Code du bon langage*, Paris, Éditions sociales françaises, 1959.
–, *Comment s'exprimer en français ? Propos d'un grammairien*, Paris, Éditions sociales françaises, 1969.
–, *Guide de langue française*, Paris, A. Bonne, 1969.
Goosse, A., *Façons de parler*, Gembloux, Duculot, 1971.
–, et Grevisse, M., *Le Bon Usage*, 13e édition, Louvain-la-Neuve, Duculot, 1993 *.
Gourmont (de), R., *Esthétique de la langue française*, Paris, Mercure de France, 1938.
Grevisse, M., *Problèmes de langage*, Gembloux, Duculot, tome IV, 1967 ; tome V, 1970.
–, *Le Français correct, guide pratique*, Gembloux, Duculot, 1973.
–, *Le Bon Usage*, Gembloux, Duculot, 1980 (11e édition).
Hanse, J., *Nouveau Dictionnaire des difficultés du français moderne*, Gembloux, Duculot, 1987.

* Avec les profondes refontes d'André Goosse, *Le Bon Usage* finit par ne plus mériter les critiques que nous adressons plus haut à « La grammaire ». Il faudrait aussi mettre à part M. Cohen.

IV. D'où viennent les fautes ?

Faut-il accuser l'influence de l'anglo-américain ?

Puristes et grammairiens se demandent souvent ce qui suscite l'innovation (la faute). Mettons à part les emprunts liés à l'importation d'objets ou de techniques : la domination de l'anglo-américain n'a pas pour source unique la paresse et l'inculture des Français, qui n'auraient pas la compétence de nommer dans leur langue des réalités nouvelles, elle vient surtout de ce que nous sommes subordonnés aux États-Unis sur les plans économique et politique. On peut déplorer ce déclin, avoir la nostalgie du prestige d'autrefois, mais il n'y a pas à l'affecter à la langue ou à ceux qui la parlent : la langue n'en est que le témoignage, le véhicule. La télématique est une création française : ce sont alors nos voisins qui nous empruntent le mot (*telematics*).

Certes, dira-t-on, mais le vocabulaire n'est pas le plus grave : c'est que la dangereuse *anglomanie* des Français (terme employé par des puristes sans doute égarés par l'indignation, qui violent ici l'ordre *déterminé* + *déterminant* caractérisant le génie de notre langue) menace la grammaire, l'armature, en un mot la syntaxe, qui fait l'identité, la spécificité de l'idiome et justifie qu'on parle à son propos de langue logique par excellence. Ne voit-on point le danger de généraliser des constructions telles que *Automobile Club, Cuir Center, Mondial Assistance* et autres *Enfants Magazine* ? Pourquoi pas bientôt *Le Jean père* sur le modèle de *John's father* à la place de *Le père de Jean* ?

Mais cet ordre *déterminant* + *déterminé*, si contraire au français, n'est-il pas pourtant celui de tous les composés à base grecque ou latine (*mycologie*, « champignon-étude », *carnivore*, « viande-se nourrir ») ? Les termes formés à partir du grec ou du latin qu'on nous propose en remplacement de l'anglais (*aéroglisseur* pour *hovercraft*, *hydroptère* pour *hydrofoil*) ne sont pas plus conformes à l'ordre du français, et l'on pourrait se demander si ce n'est pas plutôt ce fonds qui prépare le français à accueillir, adapter ou créer les néologismes contestés ; or, que je sache, personne ne dit que notre langue est trahie par ses propres racines, ni ne cherche à les extirper pour les remplacer par de vrais bons mots bien de chez nous.

Cet ordre *déterminant* + *déterminé* se rencontre de surcroît dans tous les cas où l'adjectif est placé avant le nom : *une forte personnalité, une gentille petite femme*, tournures qu'à ma connaissance nul ne déconseille, et c'est *une belle pendule ancienne* qu'on doit dire, et non *une pendule belle et ancienne.*

Contradiction ? Voire. L'anglo-américain passe bien dans le peuple, qui en revanche ne connaît ni le latin ni le grec ; condamner le premier au nom de la langue de tous et conférer du prestige aux langues classiques, connues de certains seulement, n'est-il pas un moyen commode de préserver l'usage et la culture d'un *happy few* ?

Doit-on incriminer l'ignorance des Français ?

En dehors des emprunts, les usages dits fautifs sont souvent expliqués par l'ignorance où seraient les Français du sens propre des termes, de la valeur des constructions, de la prononciation correcte.

Celui qui articule la fin de *gageure* comme *heure* et non comme *jure* à coup sûr ignore quelque chose ; l'élève qui écrit *Il disa* dans un texte au passé simple ne sait peut-être pas que la forme appropriée est *Il dit* (bien qu'on apprenne par cœur les conjugaisons dans les petites classes) ; parler d'une remarque sardonique révèle sans doute une maîtrise insuffisante des adjectifs *sardonique* et *sarcastique*, dire *la chose qu'on a besoin* un défaut de connaissance dans le domaine des pronoms relatifs, parler du « conditionnel » employé par le journal *Le Monde* où il est en fait écrit que « Saddam Hussein semble rassembler des forces » trahit une ignorance de la terminologie grammaticale.

Mais cette explication par l'ignorance ou l'inculture est difficile à accepter dans la mesure où les erreurs ainsi signalées ne sont pas le fait d'illettrés mais au contraire de personnalités : tel ministre parle du « récent et puissant développement de la sensibilité environnementale » ; un journaliste de la télévision s'apitoie sur les « peuples oppressés » (évidemment, un peuple opprimé a sans doute de quoi se sentir oppressé), tel autre de la radio énumère « quatre-z-unités » et l'on trouve dans un grand magazine « qui ne prévoyèrent pas » (*Le Figaro littéraire*, 12 novembre et 3 décembre 1990). Jacques Capelovici cite l'exemple de ce « Premier ministre français, agrégé de lettres modernes » – autant dire l'un des représentants privilégiés de l'élite –

qui « nous gratifia à la télévision de ces quelques perles : *“vous disez”*, forme très inattendue de *“vous dites”* ; *“un espèce de”* au lieu de *“une espèce”* ; *“il faut mieux”* à la place de *“il vaut mieux”* ; *“une étoile auquel accrocher son espoir”* pour *“à laquelle”* [...] » (*Le Figaro*, 18 mai 1993).

Qu'est-ce qui, donc, peut expliquer les dérapages, les lapsus, les oublis, les confusions, enfin, les perturbations d'un savoir que sans nul doute ces personnes ont acquis à un moment ou à un autre, par leur milieu familial et au cours de leurs études ?

S'agit-il des conditions de la vie moderne ?

On sait la précipitation dans laquelle travaillent et s'expriment les journalistes ou les hommes politiques sommés de fournir un commentaire à chaud, et dont les paroles touchent aussitôt des millions de personnes ; les dépêches de presse nous parviennent en anglais ou en américain, mais si l'on veut qu'un scoop reste un scoop, on ne peut pas se permettre de réfléchir longtemps à la traduction la plus adéquate ; les rédactions reprennent ces formulations plus ou moins appropriées au regard de l'usage français, et après elles les commentateurs : le nom *Siam* a de la sorte disparu au profit de *Thaïlande*, et l'on parle couramment maintenant de la politique nord-vietnamienne ou sud-américaine – où la position de *nord* et de *sud* calque l'anglais (notons toutefois que *Haute-Bretagne, Extrême-Orient* ou *Proche-Orient* ne choquent personne).

Et à vrai dire, la même précipitation nous affecte tous, journalistes ou professeurs, cadres moyens ou supérieurs, grands décideurs ou modestes employés : rapports, analyses, synthèses ou articles sont toujours à rendre tout de suite. Néologismes, approximations, erreurs seraient donc liés aux conditions dans lesquelles nous avons à produire du texte.

Pourtant, lapsus ou incorrections ne sont pas le propre des discours improvisés : on sait que les présentateurs des journaux télévisés lisent sur un prompteur – pardon, un télésouffleur – des textes préparés ; on peut raisonnablement supposer que ceux de la radio disposent également au moins de notes ayant fait l'objet d'une élaboration préalable.

Or, le 25 janvier 1991, on nous parle, au journal de 20 heures, et on le répète, dans les mêmes termes, à celui de 22 heures, d'une conférence de presse lors de laquelle « le président américain George Bush » (n'est-ce pas un pléonasme ?) reproche à Saddam Hussein de « montrer des prisonniers à la cantonade ». Sur France-Inter, le 22 février à 13 heures, et toujours à propos du président irakien, qui a accepté le plan de paix soviétique, le journaliste commente : « Un adjectif court sur toutes les lèvres : méfiance ! » Passons aux résultats sportifs ; football : « La victoire des Français aux Espagnols. » Météo : « Les températures vont pratiquer une baisse sur tout le pays. » Et il lit aussi un texte préparé, l'employé de la SNCF qui annonce à l'arrivée en gare de Lyon du TGV Besançon-Paris : « Nous espérons que vous avez effectué un bon voyage. »

Vraisemblablement ces formulations ne sont pas toutes à mettre sur le même plan : si l'on demandait au premier journaliste si *méfiance* est un adjectif, il répondrait probablement que non ; si l'on posait au deuxième la question de savoir si l'on doit dire « la victoire des Français aux Espagnols » ou « la victoire des Français sur les Espagnols », il choisirait sans doute la seconde version. Mais il n'est pas certain que tout le monde soit sensible à l'incongruité de « pratiquer une baisse ». Et je ne lis aucune surprise sur le visage de mes voisins lorsqu'on leur dit espérer qu'ils ont « effectué un bon voyage » : pas le moindre commentaire amusé ou scandalisé et, pourtant, je ne puis m'empêcher de trouver la phrase bizarre ; je n'aurais pas l'idée, je crois, de dire que je vais effectuer un voyage...

Autrement dit, on aurait dans les deux premiers cas une faute fortuite – puisque la personne en fait connaît la règle – et dans les deux derniers une véritable ignorance.

Or il se trouve que les deux premiers exemples relèvent de la syntaxe tandis que les autres concernent le lexique. Une enquête systématique serait à mener, bien sûr, pour vérifier ce qui n'est là qu'une affirmation fondée sur une observation ponctuelle, mais il est de fait que les sujets de mécontentement des puristes se situent majoritairement du côté de l'emploi des mots (confusion de sens, emploi d'un terme pour un autre, analogies fautives). Cela n'a rien de particulièrement contemporain, car cette constatation vaut aussi bien pour les recueils parus récemment que pour ceux du début du siècle[1], et permet d'avancer l'hypothèse que le lexique est un domaine moins stable que la syntaxe – c'est d'ailleurs lui qui est aussi le plus massivement soumis aux emprunts –, moins bien contrôlé par les locuteurs. C'est également celui, il est intéressant de le noter, qui donne le moins facilement prise à la description linguistique et à un enseignement systématique dans le cursus scolaire.

1. Ainsi qu'en témoigne la lecture des ouvrages donnés en bibliographie à la fin du chapitre II.

Toutefois, cette complexité n'apparaît pas à la plupart des gens pour qui « le vocabulaire » est au contraire l'aspect le plus concret, le plus directement accessible de la langue, et ce seul à quoi elle est ramenée dans les jugements qui sont portés : on considère souvent qu'apprendre une langue, c'est apprendre comment on traduit un mot par un autre, que si l'on ne comprend rien à ce que raconte quelqu'un, c'est qu'il emploie des mots trop compliqués, ou que s'il s'exprime bien, c'est qu'il choisit les mots appropriés ; les mots s'usent, est-il banal de dire, et l'on parle de « langue de bois ». Ainsi connaître une langue se ramène-t-il peu ou prou pour tout un chacun à savoir des mots.

La raison n'est-elle pas dans la langue elle-même ?

Pourquoi le lexique aurait-il un statut privilégié ? La prononciation des mots comme leur morphologie ou les constructions dans lesquelles ils entrent ne sont-elles pas aussi tout à fait concrètes et observables ? Certes ! C'est que la différence essentielle n'est pas là : elle est dans le caractère arbitraire qu'elles présentent, par opposition au lexique.

Autrement dit, on ne peut pas établir de lien entre une société (sa structuration économique, politique, humaine, etc.) et l'ensemble des sons de sa langue ou de ses formes morphologiques ou de ses règles syntaxiques ; en revanche, le vocabulaire est une sorte de témoin de la manière dont une société se voit constituée : un exemple bien connu en est la répartition des noms masculins et féminins dans le domaine professionnel (*femme de ménage* existe mais non *homme de ménage* ; en revanche, *professeur* ou *ingénieur* sont seulement masculins... sauf au Canada et depuis une période récente). Jean Dubois a montré de même que le vocabulaire concernant les animaux est structuré selon l'importance et l'utilité qu'ils présentent pour l'homme (le mâle et la femelle ont des noms distincts, le petit une appellation particulière, etc., en fonction de leur statut relativement à la chasse ou à l'élevage)[1]. Edward Sapir constate à propos des langues indiennes aux États-Unis que celle de tribus vivant sur la côte abonde en termes concernant la pêche et les poissons mais qu'inversement celle d'Indiens vivant dans le Dakota en est très pauvre, tandis qu'elle est très riche en toponymes permettant de s'orienter dans le désert, très peu représentés dans la langue des premiers[2].

Le lexique est donc tout naturellement le domaine qui apparaît à chacun comme le plus familier et les mots la matière linguistique la plus susceptible de donner prise à l'appropriation personnelle, au choix, au jugement.

Ainsi *oui*, dans sa simplicité, ne suffit plus à marquer un accord total ou enthousiaste, on lui préfère *tout à fait, absolument, complètement*. Comparez :

> « Êtes-vous satisfait ? – Oui. »
> « Êtes-vous satisfait ? – Complètement ! »

Certains se scandalisent : l'adverbe long serait prétentieux et ampoulé, le signe d'une recherche de l'affectation et de l'originalité. Pourquoi dire *complètement* là où tout un chacun depuis toujours répond *oui* ?

1. Dubois, Jean, « Le genre dans les noms d'animaux », *Genre et Langage*, in *Linx*, n° 21, Paris-X-Nanterre, 1989.
2. Sapir, Edward, *Linguistique*, traduction française : Paris, Éditions de Minuit, 1968.

Remarquons pourtant que *oui* n'est pas clair : on peut le dire du bout des lèvres, ce qui est impossible pour les autres termes, qui marquent sans ambiguïté l'engagement total de celui qui parle ; et les militaires le remplacent par un *Affirmatif !* beaucoup moins susceptible d'être brouillé ou de ne pas être perçu, dans leurs parfois difficiles communications de terrain...

Lorsqu'un metteur en scène répond *Tout à fait !* ou *Parfaitement !* à un journaliste qui lui demande, après analyse de son dernier film :

Est-ce bien cela que vous avez voulu démontrer ?

il dit plus que *oui*, il manifeste en même temps que l'hypothèse qu'on lui soumet lui paraît juste. Ces adverbes à valeur superlative marquent moins une volonté égocentrique d'enflure du discours de la part de celui qui le tient que le désir altruiste de valoriser l'interlocuteur : on n'exprime pas seulement son accord mais aussi l'intérêt que l'on prend à ce que dit autrui, on lui reconnaît explicitement le mérite du caractère judicieux de sa remarque. De même le professeur appréciera-t-il par « Très bien » plutôt que « Oui » une réponse appropriée de l'élève et à l'inverse par « Ce n'est pas tout à fait ça » plutôt que « Non » une affirmation complètement erronée.

Ces formulations – certes plus longues –, comme les différentes mimiques qui ponctuent les conversations (regard attentif, sourires, acquiescements...) et que l'on pourrait elles aussi juger superfétatoires, sont en fait des témoignages nécessaires de la part que l'on prend à la conversation, permettant le déroulement le plus harmonieux possible de l'échange, dont une des conditions est le respect et la considération mutuels :

> « Elle a peur de moi ? s'exclama Jean-Claude. – Absolument », dit Adeline, qui employait volontiers cet adverbe, tantôt parce qu'un simple « Oui » lui semblait trop froid, trop sec, tantôt par politesse, pour suggérer qu'elle adhérait avec chaleur à ce qu'on venait de lui dire (Jean Dutourd, *Le Séminaire de Bordeaux*, 1989).

Les (très anciens) manuels de savoir-vivre et traités de rhétorique, comme les travaux actuels de la pragmatique sur les règles de la conversation, rencontrent sur ce point les maximes guidant les conduites de l'« honnête homme » :

> Il me semble que l'esprit de la politesse est une certaine attention à faire que par nos paroles et par nos manières les autres soient contents de nous et d'eux-mêmes (La Bruyère).

Chacun peut intervenir, plus ou moins consciemment, dans le choix d'un terme ou avoir une opinion sur sa pertinence, son rôle dans la communication, l'effet qu'il produira. Un Premier ministre qui dit de la Bourse n'en avoir « rien à cirer » cherche à se concilier les catégories sociales qui ne se sentent pas directement concernées par cette institution, n'ayant pas d'argent à placer ; un Premier ministre n'ignore pas les effets pour tous (riches ou pauvres) des aléas de la Bourse sur l'économie d'un pays et ne peut pas ne pas en tenir compte dans son analyse de la situation et ses décisions : il s'agit bel et bien non d'une réalité objective (qui serait que le Premier ministre n'en a effectivement « rien à cirer »), mais d'une réalité seulement discursive (qui est que le Premier ministre s'adresse à X ou Y), c'est-à-dire d'une affirmation qui peut passer pour l'expression d'une réalité objective par le biais de la formulation qui a été adoptée.

Il est beaucoup plus difficile de jouer sur la syntaxe ou sur la morphologie, parce que le sens des constructions ou des formes ne nous est pas directement accessible. Par exemple, on peut discuter – comme on l'a fait ci-dessus dans le chapitre III – sur la différence qui existe entre *espérer* et *souhaiter* dans :

> J'espère arriver à temps
> Je souhaite arriver à temps

mais il ne serait pas très commode d'avoir à justifier le choix de l'un ou de l'autre de ces deux arrangements syntaxiques :

> J'espère réussir (construction infinitive)
> J'espère que je réussirai (construction conjonctive)

ou d'expliquer pourquoi deux noms (*espoir* et *espérance*) correspondent à *espérer*, mais un seul (*souhait*) à *souhaiter*.

La morphologie ou la syntaxe autorisent beaucoup moins que le lexique le sentiment que l'on comprend et maîtrise la langue, et que l'on peut en user librement.

La transparence trompeuse du lexique

Mais, en réalité, ce sentiment n'est qu'une illusion : on ne comprend ni ne maîtrise pas plus facilement le lexique que les autres domaines de la langue parce que, pas plus qu'eux, il n'est directement accessible à partir des correspondances que l'on peut intuitivement établir entre les formes et les sens. Un exemple le fera facilement comprendre (nous avons déjà abordé la question dans le chapitre I à propos de *à vélo / en voiture*, *an / année*, *en hiver / au printemps*) ; comme moi, je pense, vous considérez que lorsque l'on tente quelque chose, cela peut aussi bien déboucher sur la réussite que sur l'échec :

> Elle tente de passer son permis de conduire
> On va tenter l'opération.

Or ce n'est pas vrai pour la langue ; on peut en effet dire :

> J'ai tenté mais j'ai échoué

alors que l'on ne peut pas dire :

> J'ai tenté mais j'ai réussi.

Qu'est-ce que cela indique ? Que, linguistiquement, le sens de *tenter* contient l'idée de réussite (et donc on ne peut pas opposer *tenter mais réussir*) et qu'il ne contient pas en revanche celle d'échec. Autrement dit, la valeur de *tenter* n'est pas, en langue, celle que je lui attribuais intuitivement : je croyais connaître le sens de ce verbe, mais ce n'est pas celui qu'il a dans le lexique. La formulation « montrer à la cantonade » illustre de même qu'une partie du sens de « à la cantonade » n'a pas été perçue par le journaliste ; or il n'est pas évident *a priori* que cette expression comporte l'idée de « parler », « crier ». Un dictionnaire comme le *Petit Robert* explique :

> Parler à la cantonade

par la glose :

> Parler en ne semblant s'adresser précisément à personne

ce qui permet de conclure à l'équivalence :

> à la cantonade = en ne semblant s'adresser précisément à personne

et, à partir de là, il est plausible de concevoir que Saddam Hussein « montre des prisonniers à la cantonade » – c'est-à-dire en faisant comme si cette exhibition ne visait personne en particulier.

Le lexique pose problème parce que n'ont pas encore été découverts ses modes de structuration, ses régularités profondes ni les contraintes globales qui affectent ses moyens d'exprimer le sens : on parle depuis longtemps de règles de syntaxe, et non de règles de vocabulaire ; expliquer le fonctionnement de *à la cantonade* est possible, mais on ne peut à partir de là en inférer les conditions d'emploi de *à l'horizon* – expression qui, elle, exclut la combinaison avec *parler* ou *crier*. L'impossibilité d'organisation complète et cohérente du lexique trouve son écho dans la forme que prend sa description systématique dans les dictionnaires : la présentation est alphabétique, c'est-à-dire explicitement arbitraire, et les seules tentatives de structuration, inaugurées par le *Dictionnaire du français contemporain*[1], ne concernent que de petites familles morphologiques (par exemple, *curieusement* et *curiosité* apparaissent sous l'entrée *curieux*). Les lexicographes tentent d'établir des relations entre les mots en mentionnant les antonymes (les contraires) et les synonymes mais ils neutralisent du même coup les différences ou les masquent : *finir* a peut-être intuitivement le même sens que *cesser* mais cette similitude n'est qu'une apparence, ne permettant pas une substitution automatique ; on dira bien que quelqu'un a cessé de fumer, mais non qu'il a fini de fumer, ni qu'un grand malade a fini de s'alimenter, et inversement on peut dire que les enfants ont fini de manger, mais non qu'ils ont cessé de manger.

1. Dubois, Jean, Paris, Larousse, 1967 pour la première édition.

Capelovici condamne *débuter un match* au profit de *commencer un match* sur un critère grammatical (*débuter* n'a pas de complément d'objet tandis que *commencer* est transitif), mais, si les deux mots ont effectivement une idée commune (et s'opposent à *finir* ou *terminer*), ils ne sont pas pour autant interchangeables ; on dira par exemple :

> Au début, je le trouvais sympathique

mais non

> Au commencement, je le trouvais sympathique.

Rencontrant cette dernière phrase, le même Capelovici ne pourrait, après avoir stigmatisé la prétention des « beaux esprits qui, pour prouver qu'ils ont fait des études souvent prolongées, croiraient déchoir en s'exprimant comme le commun des mortels », qu'expliquer que *début* et *commencement* ne s'emploient pas dans les mêmes conditions, ce qui contredit la substitution proposée plus haut.

Octave Grandjouan, dans un ouvrage au titre évocateur (*Les Linguicides*), déplore l'emploi de synonymes là où les simples et classiques *faire, avoir* ou *être* diraient si bien la même chose – mais il se borne à un inventaire plaisant, sans donner d'explication sinon celle de la mode, du désir de se singulariser, ce qui revient à fuir la recherche d'une justification véritable :

> On procède à une enquête, on s'acquitte d'une tâche, on produit une impression, on inspire la pitié, on provoque la terreur, on entreprend une besogne, on prête attention, on établit ses comptes, on commet une faute, on cause des dégâts, on dresse une liste, on effectue une addition, on suscite l'envie, on opère une réforme – quand on ne l'introduit pas –, on accomplit une œuvre – on peut aussi la mener à bonne fin. On ne fait plus de lois, on en élabore (et ça se voit) ; on ne fait plus le déjeuner, on

le prépare (mais qui y mettra la dernière main ?). Que fait-on à des efforts ? On les déploie. Que fait-on à des dépenses ? On les encourt. Que fait-on à des fonctions ? On les remplit. Que fait-on à des manifestations ? On s'y livre. Que fait-on à un vœu (pie ou non) ? On l'exprime. Que fait-on à un souhait ? On le forme. Que fait-on à un discours ? On le prononce [...].

Ainsi la masse des écarts en matière de vocabulaire amène-t-elle les puristes à s'intéresser prioritairement au lexique, mais en même temps la difficulté d'édicter des règles en ce domaine les oblige-t-elle à des remarques ponctuelles : il est possible de pointer une erreur, il est facile de se moquer des gens, on peut même risquer une explication linguistique si on la trouve, mais il est impossible pour rendre compte du système lexical de construire l'équivalent d'une grammaire, c'est pourquoi ils sont pour ainsi dire condamnés à de courtes rubriques dans les journaux ou à un recueil de considérations aphoristiques rassemblées au gré des bévues observées dans les discours ou les écrits d'autrui.

Effectuer

La volonté d'expliquer un emploi récurrent chez les autres plutôt que l'empressement à mépriser ses contemporains permet pourtant bien souvent de démontrer le bien-fondé d'une intuition ou au contraire de s'apercevoir que l'on avait tort. Revenons ainsi sur cet *effectuer* qui me paraît si bizarre dans le message diffusé dans les voitures du TGV Besançon-Paris à l'arrivée en gare de Lyon – et ce n'est pas le seul ! Sur France-Inter, on nous informe, à propos des inondations dans le Midi, que « les pompiers ont effectué quarante sorties dans la nuit » (moi, je ne dirais pas que j'effectue une sortie), et, concernant des enlèvements de Français en Algérie, que « la libération des otages s'est effectuée dans de bonnes conditions » (Grandjouan, déjà cité, se demanderait pourquoi le journaliste n'a pas dit, tout simplement, « s'est faite »).

Il y a une cinquantaine d'années, André Thérive, dans ses *Querelles de langage*, pointait déjà cette « paresse d'esprit » nous faisant céder à la facilité d'un « mécanisme verbal qui l'emporte sur le souci de s'exprimer nettement » : comme il appartient à la première conjugaison, le verbe *effectuer* « remplace *faire* qui devient difficile à conjuguer, sinon défectif ». Cet argument toutefois n'est guère solide : en fait, les verbes les plus courants *(avoir, être, aller...)* sont justement ceux qui connaissent le plus de formes différenciées[1], et, si l'on observe chez les enfants quelques « vous faisez » en début d'apprentissage, il serait abusif de conclure que le verbe a perdu une partie de sa conjugaison (les professeurs s'attachent au contraire à faire connaître des synonymes évitant la répétition des trop communs *avoir*, *être*, *faire* dans les rédactions de leurs élèves). De plus, il me semble que *effectuer*, avec ses quatre syllabes et sa suite consonantique « ct », demanderait plutôt plus d'effort que le si ordinaire *faire*.

Robert Le Bidois parle, lui, d'« impropriété prétentieuse » (*Les Mots trompeurs ou le Délire verbal*, 1970) : on dit *effectuer* pour « faire scientifique » ; de fait, le verbe ne convient que s'il s'agit d'opérations techniques ou délicates, et l'on ne saurait l'accepter à propos par exemple de la visite d'un chef d'État étranger en France ou d'un voyage du président de la République – aussi la phrase suivante est-elle choquante pour Le Bidois : « Le général de Gaulle a effectué

1. Cf. Dubois, Jean, *Grammaire structurale du français : le verbe*, Paris, Larousse, 1967.

en voiture une promenade en Haute-Marne » (tirée d'un journal daté du 8 mai 1969). Je triomphe : le sentiment d'étrangeté que je ressentais dans mon TGV ou en écoutant France-Inter est donc tout à fait justifié !

Pourtant, les raisons avancées par le grammairien ne constituent pas en elles-mêmes une explication : élaborer une loi me semble par exemple une opération technique délicate, mais je n'ai jamais entendu un seul journaliste annoncer que « le gouvernement effectue une nouvelle loi ». De même, réussir un « lapin à la royale » relève d'une démarche compliquée mais, à ma connaissance, personne ne parle d'« effectuer un lapin à la royale ». Les dictionnaires ne nous aident pas beaucoup non plus, qui donnent comme synonymes *faire*, *accomplir*, *réaliser*, *exécuter* ; « accomplir une sortie », « réaliser un voyage » ou « exécuter une promenade » me paraissent encore plus inacceptables que l'emploi d'*effectuer* dans ces contextes. On dirait bien « accomplir un souhait », « réaliser un rêve » ou « exécuter un tableau », mais ici, inversement, *effectuer* ne paraît pas approprié ; « faire un souhait » ou « faire un rêve », qui signifient respectivement « souhaiter » ou « rêver », n'ont pas le même sens que « accomplir un souhait » ou « réaliser un rêve » : *faire* lui-même n'est pas ici un synonyme possible de *accomplir* ou *réaliser* ; il semble donc que *faire* soit le verbe le plus proche de *effectuer* ; choisir ce dernier correspond-il donc au désir de ne pas toujours employer le même terme passe-partout ? La substitution n'est pourtant pas systématique, on l'a constaté : c'est donc que *effectuer* a une identité propre, expliquant peut-être des emplois qui nous paraissent surprenants ou condamnables à première vue.

Une première différence est que, si *faire* admet pour compléments des noms désignant un être concret, ce n'est pas le cas de *effectuer* ; même dans le parler le plus « relâché », on dira *Faire un bébé, La chatte a fait ses petits, Dieu a fait l'homme à son image, Je fais un gâteau, Je me fais une robe,* mais non * *Effectuer un bébé,* * *La chatte a effectué ses petits,* * *Dieu a effectué l'homme à son image,* * *J'effectue un gâteau,* * *Je m'effectue une robe*. Pourtant, *effectuer* n'accepte pas n'importe quel nom abstrait ; on dira bien :

> Faire le mal, faire le bien
> Faire l'amour, faire une colère
> Faire la paix, faire la guerre

mais, dans tous ces contextes, *effectuer* est exclu. Ce que l'on entend, c'est :

> Effectuer... des achats, une autopsie, un blindage, un branchement, une classification, des démarches, un diagnostic, une enquête, un enregistrement, un essai, un looping, des observations, une perquisition, des réformes, une réparation, un travail, un virement (mais pas de raton-laveur).

Tous ces noms sont dérivés de verbes ; cela ne veut pas dire qu'on ne trouve après *effectuer* que de tels mots (*bilan* ou *stage* n'ont pas de verbe apparenté, et l'on entend aussi *Effectuer un bilan, Effectuer un stage*), mais montre que le complément doit être en relation avec « l'action ». De fait, si l'on décrit un état, une situation dans laquelle le sujet n'agit pas, *faire* est possible, mais non *effectuer* :

> Cet enfant va faire une rougeole
> Cette fille fait la honte de sa famille
> Il fait beau.

Lorsque le nom est ambigu, pouvant exprimer « l'action » aussi bien que son « résultat » (c'est-à-dire la situation statique ou l'objet créés par l'action elle-même), son emploi avec *effectuer* n'est acceptable que dans le premier cas. Par exemple le mot *repli* peut indiquer un événement en cours de déroulement :

> Le repli de l'armée a duré moins de deux heures
> Les habitants soulagés observaient le repli de l'armée ennemie

ou bien un résultat, une trace :

> Il a une cicatrice dans un repli du cou
> (la peau s'est repliée, laissant un repli).

Or on dirait :

> L'armée effectue un repli stratégique

mais non :

> * La peau effectue un repli à l'endroit du cou

(alors qu'on aurait bien *La peau fait un repli*).

Le verbe suppose donc un rapport dynamique avec le complément : il n'exprime pas une action qui porte sur un résultat déjà là (par exemple on peut regarder un repli de la peau, ou le peindre) ; d'où la différence :

> Effectuer un inventaire / ? Effectuer une liste
> Effectuer des réformes / * Effectuer des lois

On peut assister à un inventaire, participer à une réforme, ou dire qu'ils ont duré deux jours : le nom renvoie à une action en cours. En revanche, on ne peut pas « assister à une liste » ou « à une loi », ni dire qu'elles ont duré deux jours (s'il s'agit de leur élaboration).

Jusque-là, rien à dire, donc, sur les « effectuer un voyage », « effectuer quarante sorties » ou « effectuer une promenade » qui pourtant gardent leur bizarrerie : il faut affiner la caractérisation.

C'est que *effectuer* suppose une action spécifique, délimitée, mais non une activité (qui implique un déroulement indéfini, non borné dans le temps) ; on dira bien par exemple :

> Faire / effectuer un calcul, un travail

mais seul *faire* est possible dans :

> Faire du calcul, du bon travail, de l'auto-stop, du sport, etc.

L'article *un* définit une action bien circonscrite, comportant un début et une fin, et le verbe *effectuer* lui-même est « perfectif », c'est-à-dire qu'il emporte l'idée d'une action arrivée à son terme ; il est compatible avec l'expression *en deux heures*, mais non avec *pendant deux heures* :

> Un bon garagiste effectue cette réparation en deux heures
> * Un bon garagiste effectue cette réparation pendant deux heures.

Dans le premier cas, la réparation est effectivement accomplie au bout des deux heures, tandis que *pendant deux heures* n'indique pas son achèvement ; de même lira-t-on dans les livres de cuisine :

> Le gâteau cuit en une heure
> (= il est cuit au bout d'une heure)

ou :

> Laissez cuire le gâteau pendant une heure
> (ici, il n'a pas achevé sa cuisson pour autant : on peut le retirer du four pour le saupoudrer de sucre et l'y remettre jusqu'à ce qu'il soit effectivement à point).

Le verbe *effectuer* n'admet d'ailleurs pas les dérivés que permet *faire* : on peut défaire ce qui a été fait, le refaire ou le parfaire, mais * *déseffectuer,* * *réeffectuer* ou * *pareffectuer* n'existent pas ; *effectuer* en lui-même indique que l'on a bien atteint le résultat visé, que l'action a été « menée à bien » (selon la définition des dictionnaires) et qu'il n'y a plus à y revenir. On notera dans le même ordre d'idées que * *Il n'effectue rien* est très bizarre (alors que *Il ne fait rien* est tout à fait acceptable) : *effectuer* suppose une réalisation effective, un aboutissement concret. De même peut-on conclure une fois la besogne achevée *C'est fait !* alors que * *C'est effectué !* serait quelque peu incongru ; c'est que *effectuer* suppose en lui-même que l'on parvienne à l'objectif que l'on s'était fixé, il signifie que le résultat est atteint : constater avec soulagement ou satisfaction * *C'est effectué !* reviendrait à contredire le sens du verbe, sous-entendant un doute préalable quant à la réussite de l'action entreprise. On peut encore se demander : *Que faire ?* mais l'interrogation * *Qu'effectuer ?* n'est pas acceptable, pour les mêmes raisons – la définition même du verbe suppose qu'il s'applique à un objet précis et que l'objectif de l'action soit atteint.

Mais pourquoi *effectuer* emporterait-il avec lui le présupposé d'un résultat positif ? Parce qu'il ne décrit pas simplement un « faire » mais un processus qui se déroule selon des étapes, des modalités définies, un programme préétabli qui en garantit justement le résultat. On ne dirait pas naturellement :

? Le canard a effectué un plongeon

mais en revanche est parfaitement acceptable :

L'athlète a effectué un plongeon.

Pourquoi ? C'est qu'il ne s'agit pas en fait de la même action : sorte de mouvement réflexe dans le premier cas, opération contrôlée en conformité à une norme dans le second. Le verbe suppose l'accomplissement méthodique d'une série d'opérations nécessaires à la réalisation d'une finalité précise ; on s'explique alors que, comme le disent les grammairiens ou les lexicographes, *effectuer* soit approprié dans les textes techniques ou scientifiques : médecine, sport, droit, vocabulaire militaire ou administratif. On ne dira pas qu'un enfant effectue son expérience en grandissant, mais on dira bien qu'un chimiste effectue ses expériences en laboratoire.

La phrase est alors d'autant plus acceptable que le complément lui-même indique une tâche précise ou complexe ; ainsi, on peut hésiter sur la bonne formation d'expressions telles que (si l'on met sous le nom une action simple) :

L'armée effectue un repli
Le médecin effectue un examen
L'enfant effectue un calcul
Le correcteur effectue une révision
L'athlète effectue un saut

mais deviennent tout à fait naturels :

L'armée effectue un repli stratégique
Le médecin effectue un examen minutieux
L'enfant effectue un calcul compliqué
Le correcteur effectue une révision méthodique
L'athlète effectue un saut périlleux arrière.

L'emploi du verbe suppose ainsi un certain point de vue : selon comment on se représente l'action, *effectuer* sera ou non employé. L'entrepreneur effectue un devis (pour lui : ensemble d'opérations techniques supposant un savoir, des règles), mais, moi qui le reçois, je dirai qu'il m'a fait un devis (ou je lui demande de faire un devis). Le soir, je fais le bilan de ma journée, mais le comptable à la fin de l'année effectue le bilan de l'entreprise. L'employé de banque me conseillera d'effectuer un emprunt, mais mon point de vue de simple utilisateur qui ignore le détail de la démarche me conduit à désirer plutôt faire un emprunt ; toutefois, je peux par courtoisie, selon les règles conversationnelles qui organisent les échanges, adopter le terme de mon interlocuteur, lui témoignant ainsi l'intérêt que je prends ou le respect que je porte à son travail.

On ne peut donc pas rejeter un emploi du verbe en le coupant de son contexte, car il dépend du point de vue adopté par celui qui parle ; entendant le message de l'employé du TGV, j'ai pensé « je ne dirais pas que j'effectue un voyage » : certes ! C'est que mon idée du voyage ne correspond pas à celle de la SNCF, qui l'organise selon des critères rigoureux et des modalités techniques précises. Le journaliste qui parle des quarante sorties effectuées par les pompiers parle du point de vue des pompiers, pour lesquels « une sortie » n'est pas une simple balade informelle – ni une partie de plaisir. Et vraisemblablement celui qui parle d'une libération des otages « effectuée dans de bonnes conditions » pense à tout l'ensemble que cela représente de négociations et d'opérations complexes et qu'il va détailler, comme celui disant que le général de Gaulle a effectué une promenade en voiture imaginait sans doute l'organisation, les précautions, les prévisions, en somme la planification que cela supposait. C'est pour nos petites activités banales de tous les jours, qu'on fait sans y penser, que le verbe *effectuer* est inapproprié : sa toilette, le café, le ménage, la lessive ou la vaisselle, les courses, la cuisine... vous savez, tous ces travaux anodins spécialement féminins, qui évidemment n'exigent aucun savoir spécifique, aucune technique particulière ni organisation méthodique – voyez d'ailleurs l'exemple qui vient spontanément sous la plume d'Abel Hermant, qui lui aussi se moquait de l'emploi abusif d'*effectuer* : « On ne fait plus rien, on effectue. La ménagère effectue son marché et sa fille effectue ses études pour passer un examen d'entrée au Conservatoire. » La condamnation d'André Thérive (déjà cité) est aussi intéressante : « *Effectuer* est mis à toutes les sauces dans le jargon officiel, effectuer un voyage, une action stratégique, une œuvre d'art (horreur !) » ; on y voit que le verbe est jugé particulièrement scandaleux lorsqu'il s'applique à l'art ; si nos hypothèses sont justes, elles permettent de découvrir la conception que le grammairien a de l'œuvre : pour lui, la création n'est pas le résultat d'un travail, ne relève pas de règles ou de méthodes mais d'une sorte d'éblouissement : il suffit à l'artiste inspiré de laisser l'éclair génial guider sa main et voilà que surgit mystérieusement le tableau, la statue, la symphonie ou le poème. Question de point de vue... que sans doute beaucoup d'artistes ne partagent pas !

Il reste que *effectuer* est plus encombrant que *faire* et qu'il peut être soupçonné d'allonger « prétentieusement le discours » (Robert Le Bidois), d'autant que l'ensemble qu'il forme avec son complément peut être encore réduit à un verbe seul : comparez *faire un dessin* ou *effectuer un voyage* à *dessiner* ou *voyager*. Mais aucune forme n'est l'exact synonyme d'une autre, et ces formulations ne sont pas en réalité équivalentes : nous conseillerait-on alors de sacrifier la précision à la concision ? Je n'ose le croire ! Comparons par exemple :

L'entreprise effectue un rétablissement financier
L'entreprise se rétablit financièrement.

Douze syllabes dans le premier cas, neuf dans le second, je vous l'accorde volontiers ; mais la deuxième version fait perdre de vue l'idée d'effort, de volonté : le rôle actif de l'entreprise disparaît, elle n'apparaît plus comme le responsable effectif de son redressement ; elle se rétablit comme un malade se rétablit !

Faire n'a pas non plus nécessairement le même sens que *effectuer* : le dictionnaire de l'Académie donne l'exemple *Effectuer ses promesses*, ce qui signifie les « concrétiser », les « tenir » ; or non seulement on ne dirait pas * *Faire ses promesses*, mais encore *Faire des promesses* veut-il dire « promettre » et non « tenir » : on parle – mais on n'agit pas ! *Faire* n'a pas les implications de *effectuer* : on l'a vu, il s'emploie aussi bien pour une action que pour un état, son sujet peut être effectivement « actif » (*L'enfant fait un dessin*) comme « non actif » (*L'enfant fait de la peine, fait pitié*), il n'indique pas en lui-même une action précisément délimitée (*faire du calcul, du dessin*) et, susceptible d'être employé anaphoriquement, il se vide quasiment de son sens pour ne plus représenter qu'un autre verbe :

> Paul a passé le balai dans la cuisine et moi je l'ai fait dans le salon (= j'ai passé le balai).

Faire et *effectuer* n'ont donc pas la même identité : chacun prend place dans un ensemble morphologique et syntaxique particulier, et a donc aussi un système de sens et d'emplois différent – même si l'on peut relever des intersections. Il y a d'ailleurs des cas où, quoi qu'en dise O. Grandjouan, *effectuer* paraît plus approprié que *faire*, par exemple :

> Le chirurgien a effectué l'opération en une heure
> ? Le chirurgien a fait l'opération en une heure.

On le voit : lorsque l'on veut bien se donner la peine d'examiner les faits en détail, il n'est pas si facile de conclure qu'il y a « faute » ; mais c'est un gros travail, parce que si l'on veut juger justement, il faut d'abord rassembler toutes les données, et ensuite les interpréter. Or on n'en a ni forcément le temps, ni nécessairement la compétence...

Que peut-on faire ?

Il est bon de rappeler, même si l'on n'en a pas de justification, quel est l'emploi correct, la forme adéquate, la construction normale telle que nous les a légués notre histoire : le lecteur en fera toujours son profit, alerté qu'il aura été que ce qu'il dit spontanément et en toute innocence n'est pas conforme au bon usage et qu'il existe d'autres termes ou d'autres constructions plus appropriées.

Mais pourquoi cette pédagogie passerait-elle par le mépris et l'injure ? J'admets que l'on m'enseigne que l'indicatif est de tradition à la suite de *après que*, mais restons dans les termes mesurés que commande le respect mutuel puisque c'est au nom de la considération d'autrui – préalable à une bonne intercompréhension – que l'on justifie la condamnation des écarts. Le terrorisme est-il d'ailleurs le meilleur moyen de convaincre ?

Et ne dramatisons pas non plus : il y a dans la langue une énorme partie de règles que nous ne violons pas, quelles que soient les conditions dans lesquelles nous parlons ou écrivons ; même sous le coup d'une grande émotion ou bousculés par une urgence, nous ne dirons pas :

Chat le sorti est

ni

Est le sorti chat

au lieu de

Le chat est sorti.

Les changements concernent en quelque sorte des impératifs moins catégoriques, dont le non-respect n'altère pas l'intercompréhension, qui donc permettent la variation ; remarquons ainsi que tous les mots comportant *geu* se prononcent comme *majeure* et non comme *injure* : *chargeur, déménageur, largeur, rougeur*... sauf *mangeure* (« en termes de vénerie : pâture du sanglier et du loup », selon le *Grand Larousse de la langue française*) et *vergeure* (terme de fabrication du papier). Excepté pour qui possède un vocabulaire très spécialisé, *gageure* est donc le seul mot de son espèce, qu'il est logique d'aligner sur la prononciation majoritaire.

La forme *Il dit* est commune au présent et au passé simple, d'où la gêne que peut susciter un récit comme : « Il prit son manteau, se coiffa d'un béret et se précipita vers la porte. Avant de sortir, il dit... » Le correcteur du devoir ne va-t-il pas croire que l'on emploie fautivement un présent ? L'élève qui écrit *Il disa* ressent peut-être le besoin d'employer une forme clairement marquée pour compenser une ambiguïté dans la langue.

De toute façon, tout écart ne menace pas l'existence du français : il arrive que l'on connaisse la règle et que l'on se trompe fortuitement ; la faute est accidentelle (que celui qui n'a jamais péché...) et ne se généralise pas. Inutile d'écrire au *Figaro* pour dénoncer le scandaleux « la victoire des Français aux Espagnols » ; je ne l'ai entendu qu'une fois, cela ne menace pas l'intégrité de la langue ! Il arrive aussi que l'on connaisse la règle et que l'on se trompe systématiquement – combien de gens tout ce qu'il y a de bien vous parlent d'« aller au coiffeur » puis se reprennent (« oui, je sais, il faut dire *aller chez le coiffeur* ») – ou que l'on ne connaisse pas la règle traditionnelle : « *La maison est finie de payer*, ce n'est pas français ? Tiens, je ne savais pas ! Et pourquoi ça ? »

Dans ces deux derniers cas, son caractère pour ainsi dire irrésistible montre qu'une construction nouvelle se généralise : il faut savoir pourquoi et examiner minutieusement les faits avant de condamner, car l'étude linguistique montre le plus souvent qu'il y a une cohérence dans cette évolution et que c'est la règle au nom de laquelle on la condamne qui est fausse au regard du système de la langue. Soyons donc plus prudents dans nos jugements et plutôt que de craindre ou d'exclure *a priori* la possibilité d'un changement, demandons-nous ce qui peut l'expliquer.

Certes le passage de *Vous n'êtes pas sans savoir* au « stupide » (selon Capelovici) *Vous n'êtes pas sans ignorer* est contradictoire si l'on s'en tient au raisonnement de surface « deux négations égalent une affirmation » puisque dans ce cas en effet *Vous n'êtes pas sans ignorer* signifie le contraire de ce que l'on veut dire. Mais n'y a-t-il pas d'autres explications à la généralisation de cette formulation que la stupidité des gens ?

On emploie cette phrase pour prévenir une éventuelle affirmation de l'interlocuteur qui prétendrait ignorer un fait X : dire à quelqu'un *Vous n'êtes pas sans savoir X*, c'est lui dire *Ne prétendez pas le contraire, vous savez X* ; c'est lui attribuer la tentation de se dérober à l'argumentation sous le prétexte qu'il ne saurait pas X. On lui prête fictivement la pensée *Je ne suis pas sans ignorer X* (= « j'ignore X ») – où le caractère alambiqué de la formulation sert à masquer la dissimulation et la mauvaise foi – et cette pensée on veut lui faire savoir qu'on la repousse puisqu'en réalité *Il est sans ignorer* (= « il sait X »).

En disant *Vous n'êtes pas sans ignorer*, celui qui parle fait donc une citation implicite (= « vous pourriez me dire que vous n'êtes pas sans ignorer, c'est-à-dire que vous ignorez X ») mais en reprenant la négation *Vous n'êtes pas* à son compte (= « non, vous n'êtes pas... ; il est faux de prétendre que vous n'êtes pas... »). Nous avons tous, je pense, expérimenté cette ambiguïté de la négation faisant suite à un énoncé négatif ; soit la phrase à vous adressée :

> Tu n'es pas content

si vous êtes content en fait, vous pouvez rétorquer :

> Non ! Pas du tout !

pour vous opposer à l'affirmation *Tu n'es pas content* : la réponse *non* ! signifie : « Tu as tort de penser, il est faux de dire, que je ne suis pas content. » Mais elle est ambiguë parce qu'elle peut aussi être interprétée comme une confirmation de la négation de l'interlocuteur : « Non – en effet –, je ne suis pas content. » Pour résumer :

> « Tu n'es pas content. – Non ! » (= « tu te trompes : je suis content »)
> « Tu n'es pas content. – Non ! » (= « en effet : je ne suis pas content »).

Il n'y a pas de contradiction parce que la négation peut porter sur deux choses différentes, la position de l'interlocuteur dans le premier cas, le contenu même de sa phrase dans le second. De même dans notre exemple *Vous n'êtes pas sans ignorer X*, la première négation *Vous n'êtes pas* signifie « non, vous vous trompez », « vous auriez tort de penser, il serait faux de prétendre (que vous n'êtes pas sans ignorer) ». Les deux formulations :

> Vous n'êtes pas sans ignorer
> Vous n'êtes pas sans savoir

ne sont donc pas synonymes ; dire à quelqu'un *Vous n'êtes pas sans ignorer X*, c'est lui dire « N'allez pas prétendre que vous n'avez pas connaissance de X », tandis que lui dire *Vous n'êtes pas sans savoir X*, c'est lui dire « Vous avez connaissance de X ». La première n'est donc pas la simple variante (fautive) de la seconde.

Conclusion : stupidité, ou rhétorique subtile ? La tentation est grande de renvoyer au zélateur le qualificatif dont il affuble un peu trop vite ceux qui ne parlent pas comme il croit que l'on devrait parler !

D'aucuns s'obstinent, de même, à condamner *par contre* (il faudrait dire *en revanche*). Et pourquoi ? Parce que Voltaire en a dit que c'était un terme de marchand. Notons que Gide, lui, défendait l'expression : pourquoi ne citer que Voltaire ? Si l'on prend les auteurs littéraires pour caution, qu'est-ce qui justifie que l'on se réclame de l'un plutôt que de l'autre ? Il est vrai que Gide montre, à juste titre, que *en revanche* est orienté positivement (introduisant un avantage) tandis que *par contre* peut aussi être orienté négativement (donc introduire un inconvénient). On dira donc par exemple :

> Il a réussi à son examen, par contre, sa fiancée l'a quitté

mais remplacer *par contre* par *en revanche* donnerait le pour le moins bizarre :

> Il a réussi à son examen, en revanche sa fiancée l'a quitté

(à moins de supposer que le départ de la fiancée soit une bonne chose aux yeux de celui qui parle). L'injonction « ne dites pas *par contre*, dites *en revanche* » est donc, si on ne l'assortit pas d'une explication prudente, une absurdité ! Citons Gide :

> Trouveriez-vous décent qu'une personne vous dise : « Oui, mon frère et mon mari sont revenus saufs de la guerre ; en revanche, j'y ai perdu mes deux fils » ?

Revenons pour finir à l'exemple donné en introduction *le vélo à mon père*, condamné parce que, là encore, on considère simplement la substitution : *à* serait employé « à la place de » *de* (*le vélo de mon père*). Cette analyse est partielle, car ceux qui disent *le vélo à mon père* ne « remplacent » pas toujours *de* par *à*, ils ne diront pas *le rugissement au lion*, *la panne à la voiture* ni *le renversement au gouvernement* à la place de *le rugissement du lion*, *la panne de la voiture* ou *le renversement du gouvernement*. En fait, l'emploi de *à* semble limité au cas où le complément désigne une relation de possession (« le vélo de mon père = le vélo que possède mon père ») et encore seulement si le possesseur est une personne : on n'entend pas dire *le pied à la table, la prise à la télé* ou *le président à la République*.

Or, si la construction avec *à* n'est pas ambiguë, signalant seulement une relation d'appartenance (« le vélo à mon père = le vélo est/appartient à mon père »), en revanche la structure avec *de* reçoit différentes interprétations : il peut s'agir d'indiquer non seulement la possession comme ci-dessus, mais par exemple aussi la création (« le vélo de mon père = le vélo qu'a construit mon père » ou « dont il a conçu l'idée ») – comme on parle des tableaux de Matisse ou des symphonies de Mozart.

Ainsi la préposition *de* n'est-elle pas spécifique de la relation de possession : pour reprendre un exemple de J.-C. Milner (*Ordres et Raisons de langue*, Le Seuil, 1982), dire que *Paul est un enfant de moi* signifie que c'est moi qui l'ai conçu mais non nécessairement que c'est mon fils au sens juridique du terme d'« appartenance » ; on a d'ailleurs sans contradiction *Mon fils n'est pas de moi*. Inversement, *Paul est un enfant à moi* décrit une sorte d'appartenance (juridique) qui ne se confond pas avec la conception biologique : on peut dire *Paul est mon fils* ou *Paul est un enfant à moi* même si Paul est adopté ; en revanche, serait contradictoire * *Mon fils n'est pas à moi*, ce qui montre que *mon* et *à moi* relèvent du même concept (la « possession »), tandis que *de* n'en est pas spécifique. On remarquera d'ailleurs qu'une structure emphatique ou une question en *c'est* supposent la reprise du possessif avec *à* et non avec *de* :

> Adèle, c'est leur fille, aux Dupont ?

mais non :

> * Adèle, c'est leur fille, des Dupont ?

Plutôt que de condamner *a priori* la substitution, on peut alors faire l'hypothèse que cet emploi de la préposition *à* caractérise un certain type de relation propre à la personne (que les termes de « possession » ou d'« appartenance » ne décrivent qu'imparfaitement, car dans *un enfant à moi* ou *la sœur à mon père*, il est difficile de dire que je « possède » un enfant ou que la sœur « appartient à » mon père) et évite en tout cas l'ambiguïté possible de la préposition *de* : un esprit ouvert pourrait en conclure que l'usage dit « populaire » va dans le sens de la clarté... donc du génie de la langue.

Hors de l'obsession de condamner un tour, on peut aussi observer que *à* exprimant la possession apparaît dans des constructions tout à fait admissibles, ainsi que le montrent des exemples comme *C'est une idée à moi* ou *J'ai invité un ami à moi* (* *un ami de moi* serait impossible) : les grammairiens font remonter au bas latin cette structure en *à* dont les expressions *la bête à bon Dieu, un fils à papa, la barbe à papa* sont des traces (M. Grevisse, *Le Bon Usage*, paragraphe 347). Il y a des contraintes sur le déterminant – on ne dirait pas, même dans les milieux populaires :

> * J'ai invité l'ami à moi

– et sur le premier nom ; personne ne dirait non plus :

> * J'ai lavé un pied à moi
> * J'ai verni un ongle à toi
> * J'ai frisé des cheveux à elle.

L'expression de la possession par la préposition *à* est donc admise à condition que l'article ne soit pas défini et que le premier nom ne désigne pas une partie de la personne, et l'on n'observe d'ailleurs pas de fautes à ce sujet : qu'est-ce qui justifie alors que les grammairiens admettent *un ami à moi* mais non *l'ami à mon père* ? Est-ce parce que, dans ce dernier cas, *l'ami de mon père* existe, et que la substitution de la préposition n'apporte rien ?

Mais il n'est pas certain que *à* et *de* aient le même sens, la même fonction : c'est clair, on l'a vu, avec *le vélo à mon père* (qui n'indique que la possession) opposé à *le vélo de mon père* (qui peut signifier autre chose que l'appartenance). On ne peut pas tenir le même raisonnement exactement pour *l'ami à mon père* comparé à *l'ami de mon père* (puisque *mon père* ne peut pas être interprété comme le « concepteur » de l'ami), mais la relation ami / père n'est pas présentée de la même façon, selon que l'on emploie *de* ou *à* : *à* introduit une précision en quelque sorte secondaire tandis que *de* définit et caractérise. Ainsi, comparons :

un verre à vin / un verre de vin.

Un verre à vin, c'est un verre ; la suppression de *à vin* ne modifie pas le sens de l'expression ; en revanche, un verre *de vin*, c'est du vin : ici, c'est *verre* qui est secondaire, ne faisant que signaler la quantité de vin. Notons de même que dans *C'est un ami à moi*, le complément *à moi* n'est pas indispensable, car le sens est le même si on le supprime : *C'est un ami* est compris comme *C'est un ami à moi* – *à moi* explicite une interprétation déjà là. Comparons encore *venir à Paris* et *venir de Paris*. Si je dis de quelqu'un qu'il vient à Paris, cela signifie que je suis moi-même à Paris, et *Il vient* est alors synonyme de *Il vient à Paris*. En revanche, si je dis de quelqu'un qu'il vient de Paris, on ne peut plus supprimer *de Paris* sans perdre du même coup l'information de son point de départ.

En somme, on pourrait dire que dans *l'ami à mon père*, *à mon père* n'est qu'une qualification secondaire, tandis que dans *l'ami de mon père*, *de mon père* est au contraire ce qui permet de caractériser et d'identifier l'ami ; d'ailleurs, ignorant de qui il s'agit ou ayant mal compris une information antérieure, l'interlocuteur pourrait poser la question *De qui est-il l'ami ?* (réponse : *C'est l'ami de mon père*), ce qui n'est pas possible avec *à* : * *A qui est-il l'ami ?*, propriété syntaxique qui oppose les deux structures et conforte bien cette idée que *de* apporte une précision essentielle, susceptible de renseigner effectivement l'interlocuteur, par opposition à *à*, précision accessoire et implicitement posée comme déjà connue – d'où l'incongruité de la question.

Expliquer ne veut pas dire nécessairement *excuser*, *explication* n'est pas synonyme de *laxisme* ; mais on peut alors découvrir que bon nombre de condamnations se fondent – lorsque des justifications sont données – sur des « règles » contestables. Et l'on est d'autant plus habilité à stigmatiser certains écarts que l'on aura pu démontrer qu'ils n'ont aucune raison sérieuse ou qu'ils contredisent les règles du fonctionnement linguistique. On n'en sera que plus crédible.

Quelques références illustrant le point de vue des linguistes

Arrivé, M., *Réformer l'orthographe ?*, Paris, PUF, 1993.

Balibar, R., *Le Français national*, Paris, Hachette, 1974.

–, *L'Institution du français*, Paris, PUF, 1985.

Bally, C., *Le Langage et la Vie*, Genève, Droz, 1952.

Bauche, H., *Le Langage populaire*, Paris, Payot, 1920.

Beaujot, J.-P., « Les statues de neige ou contribution au portrait du parfait petit défenseur de la langue française », *Langue française*, n° 54, Paris, Larousse, 1982.

Bédard, E., et Maurais, J. (dir.), *La Norme linguistique*, Paris, Le Robert et Québec, Conseil de la langue française, 1983.

Berrendonner, A., *L'Éternel Grammairien. Étude du discours normatif*, Berne, Peter Lang, 1982.

Blanche-Benveniste, C., et Jeanjean, C., *Le Français parlé*, Paris, Didier, 1987.

Bourdieu, P., *Ce que parler veut dire*, Paris, Fayard, 1982.

Bourgain, D., « Des représentations sociales de la norme dans l'ordre scriptural », *Langue française*, n° 85, Paris, Larousse, 1990.

Brunot, F., *Remarques sur la grammaire de l'Académie française*, Paris, Droz, 1932.

Cellard, J., *La Vie du langage*, Paris, Le Robert, 1979.

–, *Histoire de mots*, Paris, La Découverte / Le Monde, 1986.

Charmeux, E., *Le « Bon » Français... et les autres*, Paris, Milan-Éducation, 1989.

Chervel, A., *Et il fallut apprendre à écrire à tous les petits Français*, Paris, Payot, 1977.

Couquaux, D., « L'esprit des normes », *La Grammaire modulaire*, Paris, Éditions de Minuit, 1986.
Dauzat, A., *La Philosophie du langage*, Paris, Payot, 1912.
Delaveau, A., et Kerleroux, F., « La constance de la raison linguistique », *DRLAV*, n° 31, Paris-VIII, 1984.
Delesalle, S., « La recherche du “mot juste”, son sens et son rôle », *Langue française*, n° 26, Paris, Larousse, 1975.
Delesalle, S., et Chevalier, J.-C., *La Linguistique, la Grammaire et l'École, 1750-1914*, Paris, Armand Colin, 1986.
Dubois, J., « L'emprunt en français », *L'Information littéraire*, n° 1, Paris, 1963.
François, F. (dir.), *J'cause français, non ?*, Paris, La Découverte / Maspero, 1983.
Frei, H., *La Grammaire des fautes*, Genève, Slatkine, 1929.
Gadet, F., *Le Français ordinaire*, Paris, Armand Colin, 1989.
Genouvrier, E., *Naître en français*, Paris, Larousse, 1986.
– et Gueunier, N. (dir.), *Langue maternelle et Communauté linguistique, Langue française*, n° 54, Paris, Larousse, 1982.
– et Peytard, J., *Linguistique et Enseignement du français*, Paris, Larousse, 1971.
Goosse, A., *La « Nouvelle » Orthographe*, Louvain-la-Neuve, Duculot, 1991.
Gueunier, N., « La crise du français en France », *La Crise des langues*, Paris, Le Robert, et Québec, Conseil de la langue française, 1985.
–, Genouvrier, E., et Khomsi, A., *Les Français devant la norme*, Paris, Champion, 1978.
Guion, J., « A propos de la crise de l'orthographe », *Langue française*, n° 20, Paris, Larousse, 1973.
Guiraud, P., *Le Français populaire*, Paris, PUF, 1965.
Hagège, C., *L'Homme de paroles*, Paris, Fayard, 1985.
–, *Le Français et les Siècles*, Paris, Odile Jacob, 1987.
Helgorsky, F., « La notion de norme en linguistique », *Le Français moderne*, n° 1, Paris, Conseil international de la langue française, 1982.
Jung, E., « Causes des fautes d'orthographe », *Langue française*, n° 20, Paris, Larousse, 1973.
Kerbrat-Orecchioni, C., *Les Interactions verbales*, Paris, Armand Colin, tome I, 1990 ; tome II, 1992.

Lagane, R., et Pinchon, J. (dir.), *La Norme*, *Langue française*, n° 16, Paris, Larousse, 1972.
Leeman, D. (dir.), *Sur la grammaire traditionnelle*, *Langue française*, n° 41, Paris, Larousse, 1979.
–, *La Grammaire ou la Galère ?*, Paris, Bertrand Lacoste, 1993.
Léon, P., *La Prononciation en français standard*, Paris, Didier, 1966.
Martinet, A., *Le Français sans fard*, Paris, PUF, 1974.
Maurais, J. (dir.), *La Crise des langues*, Paris, Le Robert, et Québec, Conseil de la langue française, 1985.
Meleuc, S., « Grammaire, état des lieux », *Le Français aujourd'hui*, n° 89, Paris, AFEF, 1990.
Milner, J.-C., *L'Amour de la langue*, Paris, Le Seuil, 1978.
Mounin, G., *Clefs pour la langue française*, Paris, PUF, 1975.
Muller, B., *Le Français d'aujourd'hui*, Paris, Klincksieck, 1985.
Pellerey, R., *La Théorie de la construction directe de la phrase*, Paris, Larousse, 1993.
Picone, M. D., *De l'anglicisme et de la dynamique de la langue française*, Lille, PUL, 1986.
Pour la langue française..., numéro spécial de la *Revue des Deux Mondes*, Paris, novembre 1991.
Rudder (de), O., *Le français qui se cause, splendeurs et misères de la langue française*, Paris, Balland, 1986.
Saussure (de), F., *Cours de linguistique générale*, Paris, Payot, 1916.
Sauvageot, A., *Français écrit, Français parlé*, Paris, Larousse, 1962.
Schoeni, G., Bronckart, J.-P. et Perrenoud, P. (dir.), *La langue est-elle gouvernable ?*, Neuchâtel et Paris, Delachaux et Niestlé, 1988.
Slakta, D., « Le "Bon" Génie de la langue et le Rouge à lèvres », *Europe*, n° 738, Paris, 1990.
Vendryes, J., *Le Langage*, Paris, Albin Michel, 1923.
Vivre le français, in *Europe*, revue littéraire mensuelle, n° 738, Paris, Europe / Messidor, octobre 1990.
Wagner, R.-L., *La Grammaire française*, Paris, SEDES, 1973.
Walter, H., *Le Français dans tous les sens*, Paris, Robert Laffont, 1988.
Yaguello, M., *En écoutant parler la langue*, Paris, Le Seuil, 1990.

Conclusion

Les linguistes ne sont ni « laxistes » ni « capitulards », pour reprendre les aimables épithètes que leur décerne J. Capelovici dans *Le Figaro* du 18 mai 1993 ; ils sont comme tout le monde attachés à leur langue et jaloux de ce patrimoine, comme ils s'indignent des « rénovations » des anciens quartiers consistant à détruire les vieilles maisons pour bâtir à leur place des « résidences » ou des « cités » ou à faire passer une « voie rapide » sous les fenêtres d'un beau château.

Mais ils sont prudents dans leurs jugements et ne se hâtent pas de condamner car, lorsque l'on y regarde de près – et c'est leur spécialité que d'étudier la langue et ses usages –, il s'avère que la « faute » est très difficile à prouver dans la mesure où l'innovation trouve en général sa justification dans le système linguistique lui-même. On regrette l'emploi de *challenger* dans un jeu télévisé alors que le mot *adversaire* existe : ils ne sont toutefois pas synonymes, car le premier suppose qu'un défi soit lancé (on provoque le tenant d'un titre pour le lui ravir) tandis que le second décrit simplement le statut de celui qui appartient au parti opposé ; Karpov et Kasparov sont adversaires lorsqu'il jouent face à face, mais Kasparov est le challenger de Karpov s'il le somme de remettre son titre en jeu en un nouveau combat :

> Kolb n'a pas qualité pour nous défier [...] ce n'est pas actuellement un challenger (Morand, *Champions du monde*, 1930, cité par le *Trésor de la langue française*).

Pourquoi dire *casting* là où *distribution* convient très bien ? Emprunt paresseux à l'anglo-américain ? Souci de participer au prestige de techniques américaines et reconnaissance par le langage de leur supériorité ? Snobisme : désir ou nécessité de marquer son appartenance à un milieu bien délimité et d'être reconnu comme membre à part entière par les autres ? Peut-être... Mais le mot *distribution* est devenu ambigu, ne renvoyant plus seulement à l'ensemble des comédiens – comme du temps où seul le théâtre existait – mais encore aux opérations assurant la diffusion d'un film dans les salles : n'est-ce pas là une bonne raison de le remplacer par un terme plus précis, lui-même se spécialisant dans une interprétation dénuée d'équivoque ? L'emprunt *casting* ne fait pas disparaître le mot français *distribution*, pas plus que *challenger* ne signe l'arrêt de mort de *adversaire* : le lexique se réorganise et se précise en s'enrichissant – rassurons-nous donc !

Car l'appauvrissement de la langue est une crainte récurrente (le souci n'est pas nouveau : dès le début du XVIe siècle – où il s'agit de défendre le statut même de langue du français – Geoffroy Tory [1] déplore que de nombreux termes soient sortis de l'usage [*Champfleuri*, 1529] et propose la constitution d'un dictionnaire où on les recueillerait). Ainsi regrette-t-on la disparition de l'opposi-

1. Cité par J.-P. Caput, *La Langue française, histoire d'une institution*, Paris, Larousse, tome I, 1972 ; tome II, 1975.

tion *-ci* / *-là* au profit du seul *-là, cet homme-là, cela*. Coupable relâchement des usagers ? Admettons. Mais pourquoi est-ce *-ci* qui disparaît et non *-là* ? Le simple fait de poser la question montre qu'on ne peut pas se contenter d'épingler la négligence des individus, argument qui ne permet pas d'y répondre.

La disparition d'un son, d'un mot, d'une construction a une raison car c'est l'un et non pas l'autre qui meurt : pourquoi le son [œ̃] – graphié *un* dans *lundi, emprunt, chacun, un* – est-il de plus en plus articulé [ɛ̃] comme dans *hein* ? On dit « lindi » ou l'on prononce *emprunt* comme *empreint, brun* comme *brin*, et, dans les années soixante, le générique d'une émission de radio commençait par ces mots, disposés en forme de refrain rimé :

> « Tous les matins
> Sur Europe-1... »

Le changement est à ce point entré dans les mœurs que beaucoup de gens ne perçoivent même plus la différence (orale), et ne la comprennent qu'en la réinterprétant après coup à partir de l'orthographe. Comment expliquer que [œ̃] disparaisse au profit de [ɛ̃] et non l'inverse ?

C'est que [œ̃] n'a guère de rentabilité linguistique, au contraire de [ɛ̃] ; le premier n'apparaît que dans peu de mots et ne sert à distinguer qu'un petit nombre de termes, de surcroît hors contexte : il n'y a aucun risque de confondre *un* et *hein*, le premier étant un article et le second une interjection, ni *emprunt* qui est un nom et *empreint* qui est un adjectif, ou *emprunte* forme verbale et *empreinte* nom : dire *Je fais un empr[ɛ̃] à la banque* ou *J'empr[ɛ̃]te la voiture* n'est donc pas ambigu, pas plus que *Cet homme est br[ɛ̃]* ne peut prêter à confusion, une phrase comme * *Cet homme est brin* étant grammaticalement exclue.

L'assimilation de [œ̃] à [ɛ̃] n'entraîne aucun dommage dans la communication, tandis que la disparition de [ɛ̃] affecterait une bonne partie du vocabulaire : c'est alors qu'on pourrait effectivement parler d'un appauvrissement de la langue – mais, on l'a vu, ce n'est justement pas [ɛ̃] qui meurt. On peut certes avoir le sentiment d'une perte immense et irréparable – que ne paraissent toutefois pas éprouver nos censeurs, car je n'ai vu le fait signalé nulle part dans les catastrophiques bilans qui justifient leurs conclusions sur le triste état du français – mais, à ma connaissance, rien ne nous empêche de continuer à dire [œ̃], ni personne ; le son est d'ailleurs encore bien présent dans le Midi.

Nul ne nous oblige non plus à employer *-là* à la place de *-ci* lorsque nous jugeons *-ci* utile à la clarté de l'expression ou indispensable au respect de la grammaire. Quelle est cette règle qui tombe maintenant en désuétude ? La particule *-ci* rappelle le nom le plus immédiat dans le contexte antérieur, et *-là* le plus lointain ; par exemple :

> J'ai successivement rencontré le directeur des ressources humaines et le chef du service commercial : celui-ci pense que mon projet est réalisable, tandis que celui-là le trouve trop risqué.

L'interprétation est que le chef du service commercial est prêt à accepter le projet en question, tandis que le directeur des ressources humaines le repousserait plutôt. On dirait maintenant :

> ... le premier pense que mon projet est trop risqué tandis que le second le trouve réalisable,

ou :

> ... l'un pense que mon projet est trop risqué tandis que l'autre le trouve réalisable.

La différence, c'est que dans ces dernières constructions l'ordre des pronoms correspond à celui des noms qu'ils représentent :

> 1. le directeur...
> 2. le chef...
> 1'. le premier (l'un)...
> 2'. le second (l'autre)...

tandis que la première forme une sorte de chiasme, c'est-à-dire qu'à 1 + 2 s'enchaîne 2' + 1', de même qu'un miroir reflète votre image inversée :

> le directeur... le chef... celui-ci... celui-là...

Le fait est rare en français, l'exemple toujours cité pour illustrer ce type d'enchaînement étant celui de *si... alors* :

> Si Luc dit que si Max est là alors Léa viendra alors il ment

– construction qui ne me paraît pas d'une aveuglante clarté, et que l'on pourrait facilement dire « lourde », « alambiquée », « inélégante » et autres qualificatifs aussi flatteurs. L'emboîtement successif de propositions relatives produit le même effet ; on admettra bien :

> L'oiseau que le chat guette chante en toute inconscience

mais, à supposer que le chat soit surveillé par un chien, la phrase devient quasiment illisible :

> L'oiseau que le chat que le chien surveille guette chante en toute inconscience.

Pourtant, deux relatives à la suite peuvent être parfaitement acceptables (la répétition de *qui* est certainement condamnable d'un point de vue stylistique, mais elle n'empêche pas la compréhension) :

> Le chien surveille le chat qui guette l'oiseau qui chante en toute inconscience.

Dans le premier cas, on retrouve la structure « en miroir » :

> oiseau... chat... chien... surveille... guette... chante

tandis que dans le second la chronologie est respectée (chaque verbe suit son sujet).

De même dans une conversation ordinaire, on aura plus naturellement un échange comme [1] :

> « Excusez-moi, mais quel âge avez-vous ?
> – Ce n'est pas grave : 35 ans. »

que :

> « Excusez-moi, mais quel âge avez-vous ?
> – 35 ans ; ce n'est pas grave. »

Il semblerait donc que le français répugne aux structures emboîtées violant l'ordre linéaire (selon lequel se succèdent les mots dans la phrase) : d'aucuns pourraient pour le justifier invoquer la logique, d'autres la clarté... Pourquoi déplorer ou condamner la disparition de cette construction si elle n'est pas conforme au génie de la langue, d'autant que d'autres formulations existent et que ce n'est donc pas la possibilité d'exprimer une idée qui meurt avec elle ?

1. Exemple emprunté à C. Kerbrat-Orecchioni, *Les Interactions verbales*, Paris, Armand Colin, 1990 (tome 1).

Mais si l'on comprend ainsi pourquoi s'éteint l'opposition *-ci / -là* ou *celui-ci / celui-là*, on ne sait pour autant toujours pas pourquoi c'est *-ci* et non *-là* qui disparaît, pourquoi la neutralisation se fait au profit de *-là* et non l'inverse. C'est que l'emploi de *-ci* n'est pas très clair dans la langue : il recouvre des sens contradictoires. Dans le couple *-ci / -là*, il est réservé au terme qui précède immédiatement mais il annonce plutôt un document dans les locutions *ci-annexé, ci-joint, ci-inclus*, et il indique – sans notion particulière de précédence – la période où l'on se trouve dans ce *mois-ci, ces jours-ci, ces temps-ci*, etc., pouvant servir à localiser aussi bien un événement antérieur au moment de la parole : *Il a fait très beau ces temps-ci*, que postérieur à lui : *Paul doit passer nous voir ces jours-ci.*

De plus, *-ci* a une valeur anaphorique dans l'opposition *-ci / -là* (il reprend un terme déjà cité), mais un emploi cataphorique par rapport à *cela*, annonçant ce qui va suivre : *Ceci dit* serait une « faute » puisque l'on y emploie *ceci* pour désigner anaphoriquement ce qui vient d'être dit, on devrait lui préférer *Cela dit* (mais en fait, *Ceci dit* ne fait qu'affecter à *ceci* la valeur anaphorique de *-ci* dans l'opposition *-ci / -là*). Ajoutons que la cataphore est bien moins fréquente que l'anaphore ; on commence en général par introduire la personne ou la chose dont on parle pour en relayer ensuite la dénomination par un pronom :

> J'ai connu Francis Jansen quand j'avais dix-neuf ans, au printemps de 1964, et je veux dire aujourd'hui le peu de choses que je sais de lui (première phrase de *Chien de Printemps* de Patrick Modiano, 1993).

Débuter par un pronom crée une surprise, une attente, et relève d'un style plus élaboré, plus littéraire, qui n'est guère de mise lorsque l'objectif premier est de communiquer l'information de la manière la plus claire, la plus directe, la moins susceptible de gêner l'interlocuteur ou le lecteur.

Autre fréquent sujet de déploration : on n'entend plus que *ça*, alors que c'est *cela* le mot « correct ». Notons d'abord que le *Grand Larousse de la langue française* date l'apparition de *ça* en 1661, en plein XVIIe siècle donc – moment où notre langue aurait connu son apogée – et de surcroît dans une lettre de La Fontaine – l'un de nos meilleurs stylistes, je crois : on ne peut pas dire sérieusement que cette forme est typique du parler relâché contemporain ! Tous les exemples enregistrés sont toutefois étiquetés « familiers » par ce dictionnaire :

> Donnez-moi ça !
> Et avec ça ? (dans un magasin)
> C'est toujours ça !
> Ça ira
> Ça sent bon ici !
> Comment ça va ?
> Ces vieux, ça n'a qu'une goutte de sang dans les veines (Daudet)
> Qui ça ? Où ça ? Quand ça ?
> Ça oui ! Ça non ! Pas de ça !
> C'est ça. C'est ça, ne vous gênez pas !
> Où allez-vous comme ça ?
> Alors comme ça tu n'as rien à faire ?
> Ça par exemple !
> Comme ça (= comme ci, comme ça)...

Pourtant, on ne peut pas recommander la substitution de *cela* à *ça* dans tous les cas. Il me semble qu'on ne pourrait pas dire par exemple :

* Es-tu content ? – Ah, cela oui !
* Alors comme cela vous allez partir ?
* Ah, cela par exemple !
* Comment allez-vous ? – Comme cela...
* Il est vieux ? – Comme cela...
* Bonjour, cela va ? – Cela va ! Et vous, comment cela va ?

ou encore :

* Yves Montand, cela c'était un chanteur !
* Cela, pour être brave, il est brave !
* Ce n'est pas tout cela, mais il faut que je m'en aille !
* Ah, cela alors !
* Cela y est, j'ai fini la vaisselle !
* Plus cela va, plus je grossis !

Et me paraissent d'acceptabilité douteuse :

? Boire du vin, à ton âge ? Non mais qu'est-ce que c'est que cela !
? Elle va mieux ? – Comme ci, comme cela...

Or ces formulations avec *ça* sont tout à fait courantes à l'oral : qualifier *ça* d'« abréviation familière de *cela* » – comme le fait le *Trésor de la langue française* –, c'est donc finalement rejeter du bon usage la langue parlée elle-même, puisque *ça* lui est ici spécifique et ne pourrait pas être remplacé par *cela*, réputé seul correct. Or on ne voit pas au nom de quelle théorie on devrait exclure l'oral du domaine linguistique ; on l'a déjà dit, l'écrit à lui seul ne constitue pas la langue (celles qui ne subsistent que par l'écriture étant dites « mortes » mais celles qui ne sont que parlées étant, elles, bien « vivantes »). Ce que montrent en tout cas ces impossibilités de substitution, c'est que *ça* n'est pas la simple variante « familière » de *cela* : il a ses emplois propres, donc une identité autonome, au moins partiellement.

On peut en particulier remarquer que les phrases où *cela* est possible supposent un emploi effectivement déictique ou anaphorique du pronom : déictique lorsqu'il assortit un geste montrant quelque chose (*Donnez-moi ça / cela !*), anaphorique lorsqu'il représente ce qui vient d'être dit, ainsi le *Et avec ça / cela ?* de la vendeuse faisant écho à l'échange précédent où le client a demandé tel objet (« Monsieur ? – Une baguette, s'il vous plaît – Et avec ça ? »). Tandis que *ça* lorsqu'il ne peut pas être remplacé par *cela* paraît plus abstrait, n'ayant pas de référence précise :

> Ah ça par exemple !
> Alors comme ça tu es malade ?
> Comment vas-tu ? – Comme ci, comme ça...

ou renvoyant à une situation vague, à une globalité floue :

> Tu es content ? – Ah, ça oui !
> Bonjour, ça va ?
> Ça, pour être brave, il est brave !

Et dans une phrase telle que :

> Yves Montand, ça c'était un chanteur !

le mot *ça* est un simple outil d'emphase redoublant *ce* (qui, lui, représente *Yves Montand*), comme *moi, toi, lui*, etc. en apposition à *je, tu, il*, etc. :

> Moi, je crois qu'il va faire beau,

si bien qu'on peut se demander si *ça* n'est pas plutôt à mettre en relation avec *ce*, dont il serait la variante accentuée (de la même façon que *moi, toi, lui*, etc. sont les formes toniques de *je, tu, il*, etc.). D'un côté, *ce* n'admet guère que la position sujet, seulement avec le verbe *être* (éventuellement précédé d'un auxiliaire : *ce doit être, ce pourrait être*), et celle d'antécédent de pronom relatif (*ce dont je suis sûr, ce à quoi il pense, ce pour quoi tu es venu*). Il apparaît aussi dans quelques locutions figées : *ce disant, ce faisant*, et compléments circonstanciels limités : *sur ce, pour ce faire*. On notera que *ce* a souvent cette valeur « vague » signalée ci-dessus à propos de *ça* : *C'est moi. C'est là que les choses se compliquent. C'est à lui de le faire. Si elle est absente, c'est qu'elle est malade. Ce qu'il est gentil !*

De l'autre côté, *ça* peut occuper toutes les positions rejetées par *ce* : *J'aime ça, Il ne pense qu'à ça, C'est ça*, etc. Sujet dans *Ça sera bien*, il peut être interprété comme la variante emphatique de *ce* (*Ce sera bien* est possible), de même que l'on analyse *Lui sera bien* comme une insistance sur le sujet par comparaison avec *Il sera bien*. Ce qui l'oppose à *cela* serait alors le type de pronominalisation, selon que la référence est précise ou floue – ainsi qu'on en a avancé l'hypothèse plus haut. En tout état de cause, on ne peut s'interroger sur le choix de *ça* et éventuellement porter à son propos un jugement stylistique que s'il est susceptible d'être mis en concurrence avec *cela*, et il est inopportun de parler d'un appauvrissement lorsque seul *ça* est possible : c'est en l'excluant de l'usage que l'on diminuerait les possibilités d'expression du français.

La langue pauvre des jeunes : encore un sujet d'inquiétude ou de scandale. Ils ne connaissent plus que *C'est génial !*[1] là où tant d'adjectifs savoureux sont à disposition selon ce dont on parle (un film, un repas, une idée...) :

1. Sans doute dépassé au moment où on lira ces lignes !

> Pourquoi cet usage incorrect et excessif de l'adjectif « génial » dont les dictionnaires précisent pourtant le sens : « inspiré par le génie » ou « qui a du génie » ? Michel-Ange est génial, comme en témoigne son œuvre de peintre, de sculpteur et d'architecte. Qualifier de la même façon un personnage à la mode dans le spectacle n'est pas très sérieux (M. Vernetti, Le Havre, dans *Télé 7 jours*, semaine du 24 au 30 juillet 1993).

C'est vrai. De mon temps, on disait *C'est extra* (souvenez-vous de la chanson de Léo Ferré en 1968 s'amusant gentiment de cette mode) et le *C'est sensass* des années précédentes nous paraissait tout ce qu'il y a de « ringard ». Mon grand-père, lui, avait une affection particulière pour *épatant* : une femme épatante lui avait donné des enfants épatants ; lui qui avait fait ses premiers devoirs à la lumière d'une lampe à huile voyait maintenant des hommes poser le pied sur la lune : il vivait une époque épatante[1] ! Paul Guth – d'environ vingt ans son cadet –, qui s'amusa avec d'autres écrivains, il y a quelques années, à passer le bac, annonça aux journalistes au sortir de l'épreuve de philosophie : « Ah... passer le bachot, c'est épatant ! » Le nom et l'adjectif, comme d'ailleurs une sorte de gouaille à la Maurice Chevalier dans le ton, me parurent quelque peu antiques – mais quoi de surprenant, dans la bouche d'un monsieur d'environ quatre-vingts ans – tout comme *C'est extra* friserait maintenant l'archaïsme aux oreilles des jeunes d'aujourd'hui (leurs parents ne le disent d'ailleurs plus). Chaque génération a ses modes, qui agacent leurs aînés, mais est tout autant que les précédentes porteuse

1. Et Michel Simon chantait : « Elle est épatante, cette petite femme-là ! »

d'artistes, d'écrivains, de savants, de poètes : ils savent le moment venu employer d'autres adjectifs que *génial* qui, n'en doutons point, perdra bientôt son rôle de qualificatif universel, tout comme les périphrases des Précieuses dont se moquait Molière ont disparu de la scène linguistique et ne menacent plus personne depuis belle heurette...

Exemples traités
au fur et à mesure qu'ils apparaissent dans l'ouvrage

le vélo à mon père, 15, 16, 129 *et s.*
après que et le subjonctif, 15, 16, 19, 63 *et s.*
vous n'êtes pas sans ignorer/savoir, 15, 126 *et s.*
(aller) à vélo/en vélo, 16, 17, 19, 30 *et s.*
aller au coiffeur, 19, 28, 33, 46 *et s.*
on, 19, 21, 24, 71 *et s.*
réussir (à) son examen, réussir un plat, 20, 26, 38.
se rappeler, s'en rappeler, 20, 26, 27, 39.
débuter, 21, 112.
avérer vrai/faux, 22, 27.
émotionner, solutionner, 24, 30, 39.
malgré (que), 26, 37.
se souvenir, 26, 39.
challenger, 53, 137.
rouvrir, réouvrir, 54, 55.
aïe, je m'ai trompé !, 88.
gageure, 101, 125.
il disa, 101, 125.
montrer des prisonniers à la cantonade, 103, 110.
effectuer un voyage, 103, 113 *et s.*
oui/tout à fait, complètement, absolument, 106 *et s.*
par contre et *en revanche*, 128.
casting et *distribution*, 138.
-ci et *-là*, 139, 143 *et s.*
lundi « lindi », 139.
celui-ci et *celui-là*, 140 *et s.*
ceci et *cela*, 143.
ça et *cela*, 144 *et s.*
c'est génial, extra, sensass, épatant !, 147.

Table

Préface, *par André Goosse* 7

Avant-propos. 15

I. Pourquoi faisons-nous des fautes ? 19

Les justifications avancées pour condamner un tour 20

Les puristes, les grammairiens et ceux en général qui s'occupent de bon langage utilisent trois types d'arguments pour rejeter un usage :
– l'étymologie, c'est-à-dire l'origine du mot (par exemple, l'emploi n'est pas conforme au latin) ;
– la grammaire, autrement dit la manière dont sont décrits et classés les termes (par exemple, l'emploi transitif d'un verbe que la grammaire dit intransitif) ;
– le génie de la langue, qui tient à la clarté, à la logique, à la beauté du français.

Explications absentes, contradictoires ou partielles 24

Cependant la condamnation n'est pas toujours justifiée ni justifiable, et le jugement tombe alors sans explications.
Les critères peuvent être contradictoires.
La condamnation peut reposer sur une analyse partielle des faits

II. Quelle conception un puriste a-t-il de la langue ? 33

L'amour que le puriste porte à sa langue l'empêche de la concevoir comme un objet que l'on peut décrire, manipuler, circonscrire ; c'est une passion sacralisante qui fait de la langue une divinité intouchable.

La langue pourtant ne peut échapper au changement 38

Qu'est-ce au juste que la « pureté de la langue » ?.. 42

Ni la clarté ni la logique ne peuvent en constituer une définition pertinente.

La langue institue ses propres valeurs 46

Bibliographie : quelques ouvrages illustrant le point de vue puriste 56

III. La démarche du grammairien 59

Le grammairien semble s'opposer au puriste en ce qu'il se donne comme objet la langue et que son objectif affiché est de la décrire dans son ensemble, tandis que le puriste s'attache aux usages – cherchant à éradiquer les « mauvais ».
Mais, en fait, les démarches sont semblables et la « règle » du grammairien n'est qu'un usage paré des plumes de la règle 61

Bibliographie : quelques grammairiens 97

IV. D'où viennent les fautes ? 99

Faut-il accuser l'influence de l'anglo-américain ? . 99

Doit-on incriminer l'ignorance des Français ? . . . 101

S'agit-il des conditions de la vie moderne ? 102

La raison n'est-elle pas dans la langue elle-même ? 105

La transparence trompeuse du lexique 109

Que peut-on faire ? 124

Bibliographie : quelques références illustrant le point de vue des linguistes 134

Conclusion 137

Exemples traités 151

RÉALISATION : PAO ÉDITIONS DU SEUIL
IMPRESSION : DARANTIERE À QUETIGNY
DÉPÔT LÉGAL : SEPTEMBRE 1994. N° 21952 (940-375)